ヤマケイ文庫

完本 マタギ

矛盾なき労働と食文化

Tanaka Yasuhiro 田中康弘

Y. L.

Yamakei Library

目次

2　マタギとは山の恵みをいただく者なり

はじめに

マタギと歩いて考えた

私が初めて阿仁マタギと出会ったのは1992年の10月、その当時の住所表記では秋田県北秋田郡阿仁町である。地区の人口は5000人以上でマタギの人たちもまだまだ元気だった。それが平成の大合併で北秋田市になったあたりから衰退が進み、現在の人口は4000人を大きく切っている。この間、ベテランマタギたちが次々に引退、他界していくなかで若手はほとんど増えていない。マタギの里という大看板を挙げる手前、マタギ文化の継承を目的に若者を猟友会に誘ってはいるが簡単ではないようだ。

少子高齢化は全国の山間地域の問題であるが、阿仁はまさにその典型例だ。取材を始めたころは川で遊ぶ子どもの集団や学校帰りの姿をよく見かけ写真を撮っている。今では子どもの姿を見掛けることが極めて少ない。地区を維持するのは高齢者の力がもっぱら頼りである。

マタギとは何者なのか？　結論じみたことをあえて最初にいえば、山人のカテゴリーに属し狩猟を得意とする人たち。まあ私個人としてはその程度に留めておくべきだと考えている。マタギにロマンを求める人が一定数存在することは理解している。小説や漫画、映画などで再生産されるマタギ物語から超人や達人、そして賢人をイメージするのは仕方がない。何らかのヒーロー像を設定しないと物語は成立しないのだから。身も蓋もないいい方をするとそれはファンタジーでしかないかと思う。そのジャンルは私には無縁であり当然手が出せないのだ。私が当初から取材対象としてきたのはあくまでも生活者としてのマタギであり等身大のマタギである。つまり当たり前の誇張のない山の生活者なのだ。

そのマタギとの付き合いを通して何が見えるのか、何が理解できるのか。当初は全くわからない手探り状態での取材であった。早ければ2年程度で何らかの形になるかと目論んだものの、結局最初の出版にこぎ着けるまでに17年もかかっている。その間に恩人である山の師匠西根稔氏が亡くなり取材に暗雲が垂れ込めた時期もあった。西根氏の弟である弘二氏が助けてくれたお陰で何とか最初の本を上梓することができたのである。

「兄貴が面倒見ていた人だからおらが後をちゃんとしてやんねえとな」

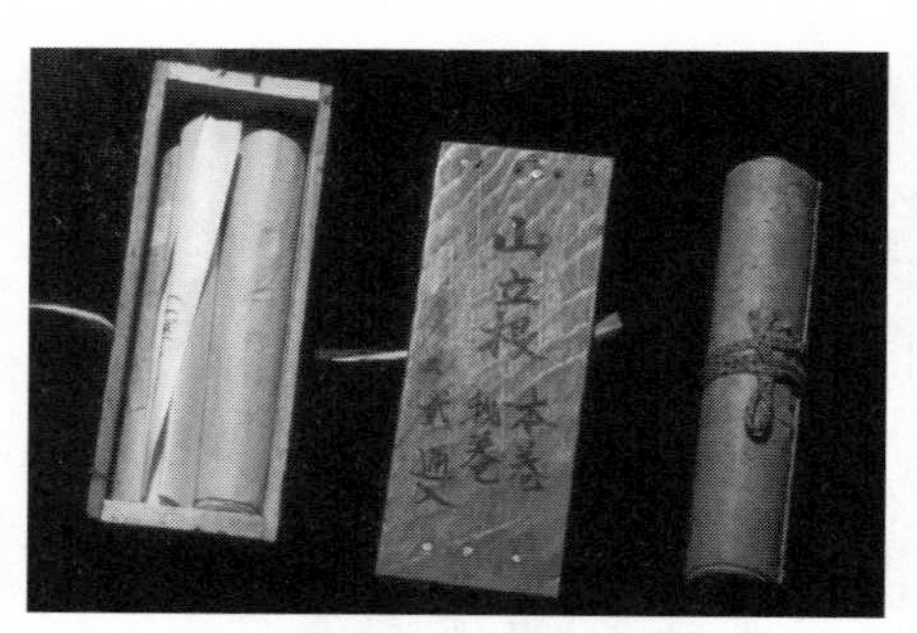

『山達根本の巻物』は大切な家宝

弘二さんにこう言われたときは嬉しかったのをよく覚えている。

この最初の本を出したことから取材のフィールドは広がり始めた。元々第一次産業の取材が多く地方まわりはお手の物だが、そこに狩猟関係が加わるのである。礼文島から西表島まで各地の狩猟現場を取材することでマタギの特殊性に気がつくのだが、それは本文で詳しくご確認いただきたい。

個人的には阿仁マタギと宮崎県椎葉村の猟師に見られる共通点が興味深い。九州の山奥と北東北の山奥に同じような仕来りが存在するのは不思議に感じるが、元々日本の山人の共通項だったと仮定すればすんなり納得できる。また、西表島の罠も阿仁と非常に似通った仕組みで驚く。これらは何とか獲物を獲りたいと願う人間の知恵の産物であり、各地で進化したのだろう。

人間の考えることは住む場所が違っても大体が似たものなのだ。そのように各地をまわり他者を知れば知るほどよくいわれるマタギ独特なるものの存在には疑問が生じたのである。

当初、私もマタギについて人に訊かれると〝特異な狩猟集団〟という言い方をしたものである。もちろんいまとなってはこのような陳腐な表現はしない。マタギの作法や仕来りは別段特異なものではなく古来日本の山人に共通する様々な面が混じり合っていると断言できる。そのうえでマタギの特殊性とは何か問われればセルフプロデュース力だと思うのだ。まず第一にマタギという名称を手にしたこと、そしてその名称を名乗り同じような自然環境の山へ遠征し熊狩りの技術を駆使したこと。さらに手にした貴重な熊から換金性の高い商品を生みだしそれをマタギブランドで商ったこと。これら一連の行為でマタギの名は知れ渡り自分たちの大切なアイデンティティをも形成したのだ。これができたのはマタギしかいない。全国に猟師山人は多いが、このようなポジションを手に入れたのはマタギだけなのである。なぜそれが可能だったのかまではわからないしそれでよい。無理矢理に答えを出す必要はないだろう。百人に百人のマタギ観があって構わないのだ。

1　マタギ　矛盾なき労働と食文化

マタギとの邂逅

マタギを知る

マタギ、名前くらいは誰もが一度は聞いたことがあるだろう。映画や小説で度々取り上げられるマタギの知名度はかなり高い。しかし、実際のマタギがどのような生活を送っているのか、一体どのような人たちなのかとなると皆目見当が付かないのではないだろうか。20年前まで実は私もそのようなひとりだった。

バブル経済が終わりを告げた1990年代初め私の稼ぎは知れたもので、いやいや、その当時だけでなくバブルの頃ですら恩恵は受けていない希有なカメラマンなのである。知り合いのコマーシャルカメラマンはバブル時代に会社を興したりアシスタントを雇ったりと、羽振りがよかった。

彼らがクライアントと派手に海外で豪遊している頃、私は廃村寸前の集落を取材したり、自給自足の生活を目指す人たちの写真を撮っていたりした。元々が九州の田舎人であり、大学も島根県の田舎大学農学部出身、学生時代の遊びがサザエ採りという都会のネオンが似合うはずもないカメラマンなのである。

ある日、暇だったので某雑誌の編集部に遊びにいった。

「最近面白いことあった？」

いきなり仕事をくれとは言いにくい、これはそんな時の常套句である。

「うーん、マタギの鍛冶屋さんの所に行ったけど」

マタギ？　マタギって山猟師みたいなものだったかな。マタギに対してはその程度の認識しかなかった。しかしマタギという言葉の響きは妙な力をもっていたようで、この日から私はマタギとの不思議な縁に導かれるのである。

マタギの里へ行く

初めてマタギの里へ行く日がやってきた。ある雑誌にマタギ取材の企画を持ち込み、それが採用されたのだ。旅費が出るこの取材は、仕事が少ないカメラマンにとっては大変有り難い話である。

目指すは秋田県の阿仁町（あにまち、現北秋田市）。田舎系自然系の取材をメインとしているカメラマンであるにも関わらず、私はそれまで秋田県に一度も行ったことがなかった。秋田初体験がマタギの取材となったのである。

東北自動車道を盛岡まで北上、そこから一般道で田沢湖を抜けて国道１０５号を真っ直ぐに阿仁を目指す。広葉樹の森がうっすらと色付き始めた10月初旬のことである。

慣れない道に8時間以上かかってやっと阿仁町に入った。

比立内（ひたちない）という集落が、今日の宿がある所だ。調べると、阿仁町にはこの比立内と根子（ねっこ）、そして打当（うっとう）というマタギの集落が3カ所あるようだ。マタギ集落ということはあの家もこの家もマタギが住んでいるのだろうか。

泊まる所は集落の中程にある松橋旅館という宿で、玄関を入ると熊の剝製や敷き皮がたくさん置いてある。さすがはマタギの集落だと感心していると、ここの主人もやはりマタギだった。ずらりと並んだ熊たちも全部自分で仕留めた獲物らしい。そうか、マタギは熊を狩る猟師なんだな。宿の入り口で、マタギについてのヒントを貰った気がした。

1泊2日というタイトなスケジュールで旅館の主人や役場の人、そしてマタギの鍛冶屋さんの取材をこなした。帰りの時間を考えると午後3時過ぎには阿仁を出なければならない。まさに駆け足の取材であった。正直に言うとこの時の取材ではマタギについてはよくわからなかった。町中で会う人に話を聞くと「マタギ？　マタギはもういね（いない）」と何回か言われたのだ。至る所にマタギの里という看板があふれているのにそのマタギがいないとは一体どういう意味なのだろうか。マタギがいなければ、旅館の主人や鍛冶屋さんは一体何だというのだろうか。実に不思議な話である。

マタギについてはよくわからない取材だったが、ただひとつ心に残る台詞があった。それは鍛冶屋さんの次の言葉だ。

「マタギにとっては1日40キロなんて日帰りの距離っすべ」

1日40キロ！　それも山での話である。山のなかを40キロも歩き回るとは精神的にも体力的にも驚きだ。体力に自信のない私はその一点だけでもう尊敬してしまう。しかし、マタギはなぜそんなに山を歩くのだろう？　なぜそんなに歩けるのだろう？　そして山でマタギは何をしているのだろう？　見たい、知りたい、一緒に山に入りたい。帰りの車の中で少しずつそんな気持ちが強くなっていくのである。

マタギと一緒に山に入りたい。そんな願いを叶えてくれたのは印象深い言葉を発したマタギの鍛冶屋である西根正剛（まさたけ）氏だ。彼は初めて阿仁を取材で訪れた時から快く迎えてくれた。

「あの、また遊びに来てもいいですか？　できれば山にも行きたいんですが……」

取材の帰り際、西根氏に恐る恐る伺った。

「どうぞどうぞ、いつでも来てください」

私はこの言葉に西根氏を山の師匠と決めつけたのである。そして、ここからマタギとの数々の冒険(私にとっては)が始まった。

根子トンネルを抜けると一気に視界が開ける。ここがマタギ発祥の地といわれる根子集落だ

熊のけぼかい、熊の味

マタギの獲物

マタギは非常に特殊な狩猟集団だ。日本国中に山猟師は存在するが、実はマタギと呼ばれる人々は限られた地域にしかいない。北東北から長野県北部の雪深い山間部にマタギ集落は点在している。マタギは猟をするが、決して職業猟師ではない。マタギに限らず、現代日本国中に猟師を生業としている人は皆無に近いのである。これを初めて聞いた時には驚いた。てっきりマタギは狩猟を生業としていると思い込んでいたからだ。ところが、実際には狩猟法で猟期や獲物が限られているので猟で生計を立てるのは極めて難しい。ではマタギたちは何を生業としているのか。ある人は旅館業であり、ある人は工場勤めであり、またある人は公務員なのである。つまり我々と同じごく普通の社会人という訳だ。もっとも私個人はごく普通の社会人とは言い難いが。

古のマタギは鳥も獣も山のすべての生き物を狩猟対象としてきた。今では狩猟対象外である特別天然記念物のニホンカモシカさえ、マタギにとっては有り難い山の恵みだったのだ。昔のマタギが狙う獲物はというとツキノワグマ、ウサギ、テン、キツネ、アナグマ、サル、カモ類やヤマドリなどである。しかし、毛皮の需要がほとんどなくなったテンやキツネなどは狙う人も少なくなり今は熊、ウサギ、ヤマドリやカモ類が現在のマタギたちの獲物だ。

現在のマタギたちにとっても最大最高の獲物はなんといっても熊である。数多いマタギ映画でも話のクライマックスは老マタギと大熊の戦いであって、決してウサギ狩りやキノコ採りではない。確かに、熊のほうが絵にはなるだろう。しかし昔の映画を見直すとたいていはヒグマが出てくるのである。実際にマタギが狙う熊は言わずと知れた（知られていないのだろうか）ツキノワグマである。ヒグマは立ち上がると2メートル以上、体重も200キロを軽く超える個体が珍しくない。それに比べるとツキノワグマは大物でも100キロ程度、平均では60～80キロ前後。つまり、スクリーン上で暴れるのがツキノワグマでは迫力に欠けるという訳だろう。だから映画ではヒグマを登場させた。しかし、真冬の秋田の山をヒグマが走り回るのはいくらなんでもデタラメ過ぎると思うのだが。もちろん、一番の問題はヒグマが北海道にしか棲息していないということに尽きるのだ。繰り返すがマタギが狙うのはツキノワグマである。

けぼかい

今は魚でも肉でも綺麗にパック詰めされている。それが命あるものだったとは感じさせない妙な工夫が施され、単なる食材としてしか意識されない。食肉は特にそうだ。まず命を奪うことから始まり、血と脂のなかで解体されていく工程がまったく隠されているのだ。果たしてこれは正しいことといえるのだろうか。私にはそうは思えない。

他者の命をいただくことで人が命をつなぐという大切な行為、狩猟のなかにそのすべてを見ることができる。これはぜひ見たい。それもマタギ最高の獲物である熊ですべてを確認したい。そのためには一緒に熊猟に行く必要がある。しかし、阿仁地区猟友会はマスコミ関係や素人の参加を基本的に認めていない。それは危険であると同時に、思想を異にする人々からの抗議が予想されるからだ。これには阿仁地区猟友会も頭を痛めている。私も一度、真正面から猟友会に取材依頼をしたのだが、にべもなく断られた。そこで猟が無理なら解体の現場だけでも立ち会えないものか考えた。マタギは熊の解体作業を〝けぼかい〟と呼ぶ。ぜひ、けぼかいだけでも見たい。猟に行くのは体力的に保たないだろうし……。

熊獲れる

ある初冬の朝、それは西根師匠からの電話で始まった。

「今朝、熊獲れたども、田中さんどうする？」

えっ！　どうするもこうするもない。

「もちろん、行きます！」

このひと言だけを伝え、電話を切る。

電話を受けたのが朝の10時。昼に入っていた予定をすぐさま取り止め大急ぎで荷物をまとめて車に放り込むと高速に飛び乗った。休憩もろくに取らずひた走り、西根師匠の家に着いたのはぴったり午後6時。着いてみると家の前に熊が万歳をするような格好で吊るしてあった。これは凄い、大迫力。その大きさには圧倒される。聞けば、体重１００キロ超の雄の熊だという。西根師匠の家は道路に面しているのでこれがまた目立つ。どんな看板よりも人目を引き付けるのは間違いない。実際、わざわざ車を止めて写真を撮る人が何人もいたらしい。

大熊が獲れたことはあっという間に町中に知れ渡り、あちこちからお祝いのお酒が届いている。猟の仲間も仕事を早仕舞いして駆けつけて来るし、何か祭りの始まりみたいでそ

喉の白い三日月状の毛が特徴であるツキノワグマがマタギの猟の対象。意外に頭が小さく前足は大きい。家の前に吊るされた熊はとにかく目立つ。獲物に喜ぶマタギは近隣の人たちだけでなく、通りすがりの人も記念撮影をしていた

いよいよけぼかいが始まった。呪文を唱えるなか、命をいただくための儀式に歴戦の強者マタギたちも神妙な面持ちだ。厳かな時が流れる

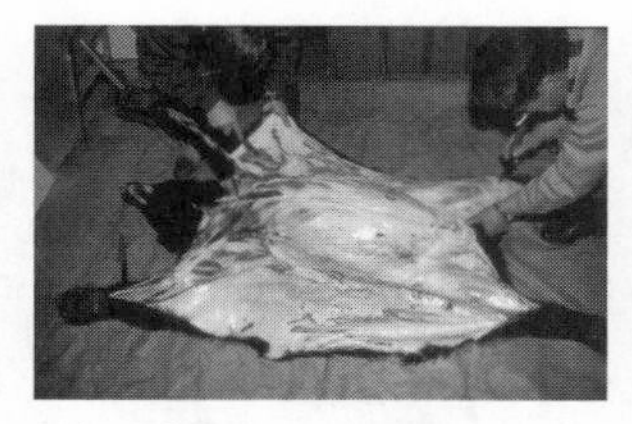

前部の皮をすっかり剥がされた熊。足首から先の部分は皮と一緒に切り落とす

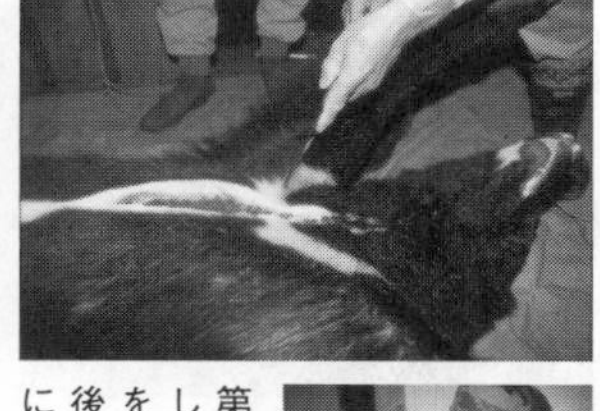

第一刀は喉元に入れる。そして皮の厚みだけ腹へと刃を動かす。それから、前足、後ろ足の順でナガサを慎重に入れる

ぽっかり開いた腹腔からお玉で血を丁寧に掬い取る。この血もマタギにとっては大切な物である

ごそっと引き出された内臓一式。時間の経過とともにガスが発生するので全体が膨らんでいる

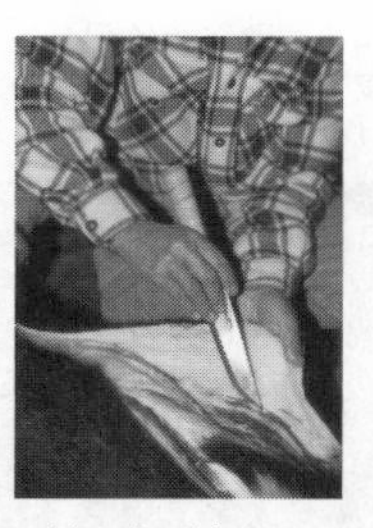

ナガサの持ち方が変わった。力を入れるよりも丁寧な作業に移行したからだ。同じ刃物でも、持ち方ひとつでさまざまに使用可能

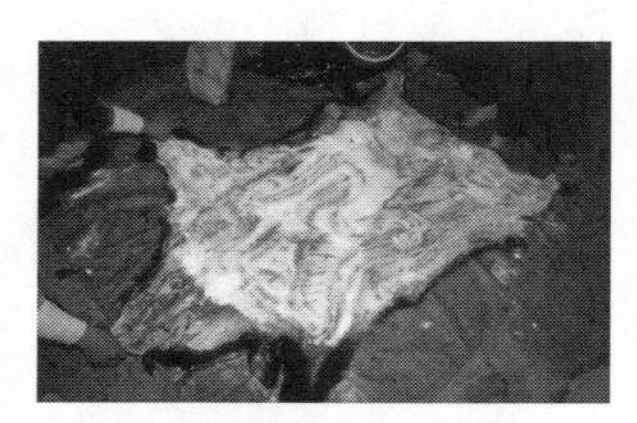

腐敗防止のため、皮の裏側に塩をまんべんなくまぶす。このあと、加工業者の手で敷き皮や剥製へと姿を変える

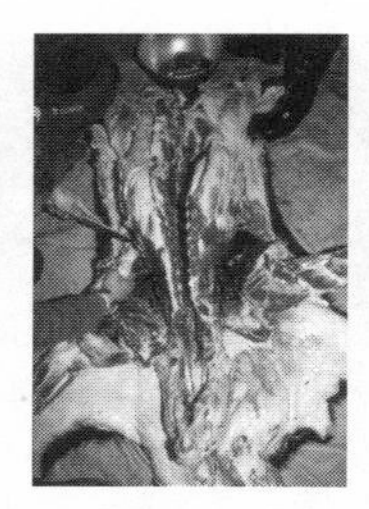

内臓を取り出すと、次は四肢を切断する。うまく関節に刃を入れると、意外と簡単に外すことができる

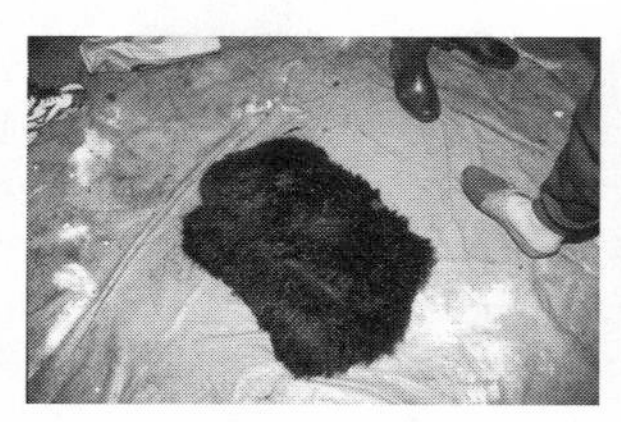

塩による腐敗防止処理が施されたら、皮をくるくるっと丸める。これでけぼかいは終了となる

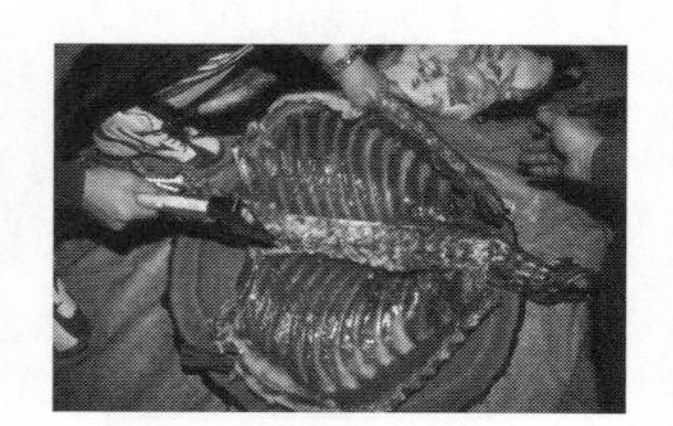

天然杉の自家製まな板の上で熊のあばらに手斧を入れる。ここまでくれば解体終了目前だ

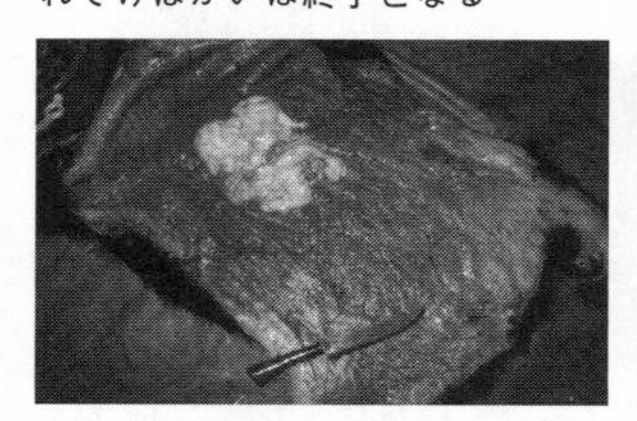

皮に残った脂肪もナガサで丁寧にこそぎ落とす。マタギはこの脂も余すことなく活用する

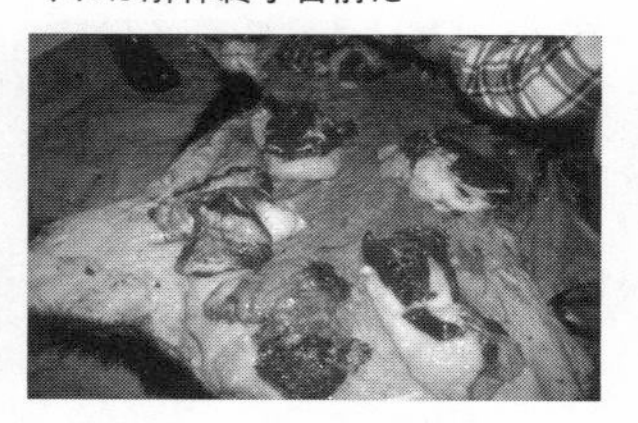

仲間の人数に合わせて均等に肉と脂を分ける〝マタギ勘定〟。素晴らしいマタギの知恵である

わそわする。本来は熊が獲れたらすぐに解体するものである。しかし、私が前々から「けぼかいを見せてくれ」と頼んであったので待っていてくれたのだ。

けぼかいで最初に行うのは祈ることである。熊の魂を鎮め、この熊を授けてくれた山の神に感謝をする。仰向けの熊の頭を北に向け御神酒を手向けて塩を盛る。

「あぶらうんけんそわか」

呪文を唱え、しばし祈る。この呪文はマタギが山に入る時に必ず唱えるものであり、また山中でも何か不吉な感じがすればすぐに口にする。儀式の間中、周りの者たちは神妙な面持ちだ。これが済んでから初めて熊の肉体にナガサ（マタギ山刀）が入る。まず喉元から胸にかけて一直線に、そして四肢の内側にも切り込みを入れる。ここから服を脱がすように丁寧に皮を剝がしていく。見ていてこの作業には非常に神経を使っているのがわかる。熊の胆と並んで毛皮は換金性が高いので穴でもあけたら台無しだ。

いくら手際のいいマタギでもこの作業は大変そうだ。特に冬眠前の熊なので皮の下にはかなりの脂肪を蓄えていて、これがぬる付いて時間がかかる原因となっているのだ。体をぐるりと回しながら全身の皮を剝ぎ取る。背中にはかなりの量の脂が付いている。背脂というものだろうか。脂は、背中のものも皮に付いたものも丁寧にこそぎ落としていく。これは〝熊の脂〟という立派な薬になる。

丁寧に皮を剝がされた熊はまるで人間のように両手（前足）を空中に突き出している。

これがまた凄い筋肉だ。熊の力は人間を遥かに超えているそうだがこれを見れば納得である。皮を剝かれた頭部はよく見ると意外に細い。熊の顔は丸いように見えて実は細面だったのか。

すっかり皮を剝がし終えると、足首を外してから腹を裂いていく。喉元から骨盤まで断ち割るように切り終えると今度は内臓を取り出す。仕留めてから解体までに時間がかかったせいで腸内が発酵して風船のように膨らんでいる。内臓の中でも肝臓と胆のうは薬効があるから特別扱いだ。肝臓は薄くスライスしてあぶり焼きにしてもいいし、乾燥することもできる。内臓の中から肝臓はすぐに取り出したが、胆のうが見つからない。掻き分けるようにして探すと縮こまった胆のうがやっと見つかった。

「こりゃあ、小せいな。まあ冬眠前だからしょうがないべしゃ」

聞けば、上質の熊の胆は冬眠明けの熊から採れるものらしい。冬眠中に胆のうが大きくなり胆汁をたっぷりと蓄える。だから春熊からは水を入れた風船のような胆のうが手に入り、立派な熊の胆ができるのだ。今回は冬眠前の秋熊であるため、残念ながらしぼみきった胆のうしかなかった。

すっかり内臓を取り出すと熊の胴体にぽっかりと穴があく。この腹腔にたまる血をお玉で掬い取る。意外と少ない。この血液も昔は大事な商品だった。乾燥して粉末にした熊の血は婦人薬として重宝されてきた。脂、血液、骨、肝臓、胆のう、これらは大事な薬であり、重要な山里の収入源だったのである。

内臓を処理し終えると四肢を切り外して枝肉と胴体に分ける。そこからさらに肉だけの部分と骨付き肉とに分けるのだ。残っている肉をナガサで丁寧にこそぎ落とすと、あばら骨がまるで開いた葉っぱのように見える。最後に残った太い骨は小振りの手斧でバンバンと断ち割っていく。こうして熊は赤肉、骨付き肉、内臓に姿を変えた。後にはべろーんと伸びた皮が血と脂に光っている。その上にたっぷりと塩をかけてからくるくるっと丸めて解体全工程は約2時間で終了した。以前、食肉加工場での豚の処理を見たことがあるが、基本は同じ。処理場が分業制でオートメーション化された肉の工場なのに対して、マタギのけぼかいは家内制手工業である。

マタギ勘定

けぼかいが済むと次は肉の分配である。今回は巻狩りの末に手に入れた獲物ではない。西根師匠が見つけて仲間3人と追い、仕留めた熊だ。それでも独り占めしないのがマタギの作法である。巻狩りの時でも同じ決まりだ。勢子（追い立て役）もブッパ（鉄砲撃ち）も同量の肉を手にする。さらに参加できなかった仲間にも肉を分ける。これは〝マタギ勘定〟という。

100キロ超の熊からは、30キロ程度の肉が取れる。熊の胆や皮のように換金性が高く分けられないものに関しては入札にかける。食べる分は完全に平等だ。あるときテレビを見ていたら、極北の狩猟民族が同じやり方で肉を分けていた。

「マタギ勘定だ！」

思わずテレビの前で叫んだ。マタギ勘定は狩猟民の素晴らしい知恵なのである。一部の人間だけが腹一杯食い、残りはカスをしゃぶっているといった状態では狩りという危険な共同作業をやれる訳がない。だから、体調が悪く猟に参加できなかった仲間にも同量の肉を届ける。明日は我が身である。相互扶助の精神が素晴らしい。これは小さな共同体を守っていく知恵なのだ。今は食うには困らない時代であるがマタギ勘定はしっかり生きている。西根師匠は、均等に分けられた肉の塊をビニール袋に入れると、「これ田中さんの分」と差し出してくれた。マタギ勘定の中に入れてもらえて最高にうれしい。

熊を狩るということ

マタギや山の民の生活に興味はあるが熊を殺して食べるのは許せないという人は結構いる。まずいっておくとマタギは欧米のハンターたちとは違う。欧米のスポーツハンティングは豊かな階層の遊びであり（もちろんマタギ同様に食べるために狩りをする人たちは別だ）、ただ殺すのが目的である。人間よりはるかに巨大だから殺して自慢する。珍しいから殺して自慢する。やたら殺してその数を自慢する。殺生それ自体を楽しむためにあらゆる生き物を狩りの対象にしてきたのだ。それらとマタギを同じ土俵のハンターと考えることがまず間違っている。

特に欧米のつくり上げてきたシステムがいかに自然を痛めつけるものだったか。近代文明がいかに傍若無人に振る舞ってきたか。エコロジーという考え方はつい最近出てきた話であるがマタギや山の民は大昔からエコロジカルな生活をしてきたのだ。そんな山の民の生活の一部である熊狩りを山里の暮らしが何たるかを知りもせず、また知ろうともせずに異を唱える人たちがいる。可愛い熊を殺すとはけしからん、許せんと。そうした人々からの心ない非難から自分たちの生活形態を守ろうとした結果、マタギ里の猟友会ではマスコミを排除する方向に動いたのである。情報が伝わらなければ抗議も来ないという考えなのだろう。しかしこれには賛成しかねる。積極的に宣伝する必要はないがことさらに隠す必要もないと思う。

「なぜ、熊を撃つのだ」

こう言われたらきちんと主張すべきである。ただしその時に伝統や文化のみを強調するのは間違っている。伝統や文化は時代の流れのなかで生まれて変化し、場合によっては消えていくものなのだ。お題目のように伝統や文化を繰り返しても説得力に欠けると私は思

阿仁の山には無数の社が存在する。なかにはマタギ神社と銘打った珍しい社もある

マタギにとっては山全体がご神体。どこでも手を合わせて祈りを捧げるのが習わしとなっている

う。マタギという集団が、仲間や家族を認識するための重要な行為が狩猟であり、アイデンティティの一部なのである。そのことを抗議する人たちにきちんと説明するべきだ。

人間は決してひとりでは生きていけない。必ず何らかの集団に属している。その集団が結びつくための大事な結束材料がマタギの場合は狩猟なのである。カロリーだけのために獲物を求めて山に入るのではない。金のためだけに獲物を求めて山に入るのではない。自分たちが何者かを確認するために獲物を求めて山に入るのである。

古来、日本人は自然を敬い恐れてきた。決して自然を征服しようなどと考えず、その力をうまく利用し折り合いをつけようとしてきた。すべてのものに人知の及ばない力を感じ、神として敬った。山にも川にも海にも木にも石にも田にも畑にも便所にすら神を見ていたのだ。

他方ヨーロッパ文化圏の多くでは神はキリストだけであり、まして自然のなかに神を感じることはない。彼らがよく高山などで神を見たなどという時の神もキリストのことであり決して日本人の言う神的なものではない。元々彼らにとって自然は脅威以外の何者でもなく、できれば徹底的に人間の都合のいいように変えてしまいたかった。森は悪魔の住み処であり神々がいる場所ではない。とてつもなく巨大な鯨も海の悪魔として長く描かれ続けたではないか。脂を取ったらあとは捨ててしまう彼らのやり方と、すべてを利用させてもらおうと考えて鯨の魂をきちんと供養してきた日本人。動物は神が人間のためにつくったものだから殺しても、そのために絶滅しようとも構わないと考えていた欧米文化。いったいどちらが真のエコロジストで、どちらがエゴイストであったのかは歴然としている。ただし、現在の日本人には失われてしまった感覚が随分あるのは残念だ。

熊を食べる

熊の解体が終ればいよいよ次は料理の始まりだ。今回のメニューは3品。今朝まですぐそこの山を歩いていた熊の赤肉の鍋、骨付き肉の鍋、そして内臓の鍋。どれも鍋ひとつで作るマタギ熊料理の極め付きばかり。もちろん調理するのはマタギである。薪ストーブの上で釜の湯がぐらぐら沸き、ガスの上でも鍋が煮えている。ふたつの料理が同時に進む。鍋を囲んでマタギたちが話している。

「もうちょっと砂糖さ入れたら」

「んだ、んだ。でもほんのちょっこしだな」

楽しそうに話しながら味付けをするマタギたち。近頃はキャンプに出かけてもやたら面倒な料理を作ったりする人もいる。しかし、キャンプ場で本格的イタリア料理を作る必要があるのだろうか。カレーでいいのだキャンプなんて。1泊2日程度の短い時間は、余計なことをせずにその分自然と交わるべきだ。ましてや、ゲームやカラオケまで持ち出すに至っては言語道断。家の中でできないことをやるのがアウトドアの鉄則ではないのか。ハウツー本に振り回されて目いっぱいスケジュールを組まなくてもいい。一杯のコーヒーを飲みながら、何もしないでのんびりするのもアリだ。

話が逸れてしまったのでマタギ熊料理に話を戻そう。味付けは至ってシンプル。3つの鍋はすべて同じで味噌と醤油と酒と砂糖というマタギ料理にはお馴染みのもの。肉以外の具材としては大根やゼンマイが入る。熊とゼンマイがこれまたよく合うのだ。実はゼンマイをうまいなどと今まで思ったことがなかったのにこの鍋を食べるとうまいと言わざるを得ない（九州人はあまり山菜を食べる習慣がない）。

熊肉は臭いと思っている読者も多いと思うが決してそんなことはない。私が子どもの時に食べた鯨肉のほうがよっぽど獣臭かった記憶がある。

大きな熊肉の塊に食らいつくとこれがまたなかなかの歯ごたえ。これだけの嚙まれっぷりをしてる奴なんか今時肉屋には置いてない。霜降り肉なんて歯が悪い年寄り向けに思える。これが本来の肉なのだ。昔やっていたアニメ『はじめ人間ギャートルズ』に出てきたマンモスの肉は、多分こんな感じに違いない。かなり嚙みごたえのある熊肉は、最後は飲み込むしかない。

次はスペアリブを頂く。豚も鶏も骨に残った肉が一番うまいというから、これも期待できそうだ。骨をつかんでがりがりかぶりつくと、本当に原始人になった気分。やっぱり

熊鍋の中へ豪快にゼンマイを入れる。熊と同じで山で
採れたゼンマイは相性抜群の食材だ

宴会の始まり。一頭の熊が多くの人の腹を満たし気持
ちを豊かにする。これが大事なのだ

マタギ特製の熊の内臓鍋料理。決して多くない熊肉を扱う店でも、内臓は絶対に手に入らない貴重品である

テーブルに置かれた鍋からは山の香りと湯気が立ち上る。これがマタギの明日へとつながる

ギャートルズの世界である。先の赤肉同様こちらも歯ごたえはかなりのもので最後は飲み込む。

続けて熊モツ煮に箸をつける。熊の内臓はどこにも流通していないそうで、これを食べるのは獲った人たちだけの特権である（骨付き肉も流通はしていない）。器の中を覗くと、ごく普通のモツ煮込みのようだ。モツだからやはり少しにおうが、気になるほどではない。すんなりと食べられるが、これも凄い弾力で歯ごたえがある。いくら噛んでもなくならない。強靭なガムのようである。これも最後は飲み込むしかない。

熊肉を食べるというのは結構疲れるものだ。まるでアゴの筋トレをしているような感じ。味は肉屋で売られているどの肉にも似ていない。やはり熊としか言いようがない味だ。今回は全部同じ味付けだったが、工夫次第ではいろいろな料理になるかもしれない。私ならとりあえず圧力鍋で1時間くらい加圧して柔らかくなったら味を付けるだろう。

大きな3つの鍋がテーブルの上に並ぶのはなかなか壮観だ。これだけの量が作れたのは100キロ超の熊だったからである。この日は久々の大熊に20人ほどが集まり宴となった。電話も次々にかかってくる。獲物が獲れたことで皆で喜び心から楽しむ。皆で楽しむということが大切なのだ。熊が獲れても獲れなくても、ウサギが獲れても獲れなくても人が集まり宴が始まる。

以前に比べると山里の生活も随分と便利になっている。それでも街とは違う。お手軽に暇がつぶせる享楽などはここにはない。食べるという行為以上に生きるための充足感を彼らは自分たちの手で獲得していく。その手段が狩猟であり、それは山里の小さな共同体を維持していくのに欠かせない行為なのだ。今、我々が住む社会においてはあらゆることが間接的になり現実に触れる機会が減っている。そうした大切なことを見えない状態にある我々が彼らの矛盾なき生活や労働に、異論を唱えるべきでないと思うのである。

雪山のウサギ狩り

初めての雪山

九州出身の私はスキーの経験がない。当然の如く雪山に行ったこともない。そんな私に雪山に行くピンチ……ではなくチャンスが訪れた。マタギにとっての最大の獲物は前述したように熊である。そしてそれと同じくらいに重要な獲物がウサギである。その昔、毛皮の値段が高かった頃は当然大事な収入源であった。そして何より真冬に獲れる新鮮なウサギの肉は、豪雪地帯の貴重な蛋白源だったのだ。阿仁は日本でも有数の豪雪地帯だ。山は多いと3メートルもの雪で覆われる。そのような極寒の雪山に、マタギはウサギを求めて入っていく。これは一緒に行かねばならない。

狩猟期間は11月15日から翌年の2月15日までと狩猟法で決められている。冬期間3カ月もウサギ狩りができるのかというと実はそうでもない。ウサギ狩りをするためには山がすっかり根雪に覆われることが条件になる。暖冬少雪傾向の近頃では年が明けて1月の半ば近くになって初めてその条件が整うのだ。つまり正味1カ月程度しかウサギ狩りのチャンスはないということになる。この間にいったい何回猟に出られるのか。よくて二回、普通は一回しかできないのだ。それは何故か？　まず簡単にウサギ狩りの仕方を説明しよう。

熊もウサギも猟の方法は同じである。巻狩りというやり方で、これは勢子（追い立て役）が獲物を追い込み、その先で待ち構えるブッパ（撃ち手）が仕留めるという猟法だ。つまり集団猟である。当然、これは人数が集まらないとできない。ところがマタギたちも日々の生業をもっていてスケジュールの調整が必要になってくる。だいたいは日曜日に猟を計画する場合が多いのだがすべての日曜日が可能な訳ではない。さらに人が集まれば必ずや猟が行われるかというとそうでもないのだ。前日に大雪が降れば山に入るのは困難になるし、当日が大雪でもやはり無理なのである。

私にとって豪雪の山は未知の世界である。期待もあるが、それよりも不安がいっぱいだ。真っ白な静寂の世界、そこにひとり取り残されたらどうしよう。いや取り残されなくても極寒の世界に耐えられるのか。不安でいても立ってもいられない。とにかく考え得る限りの防寒防雪対策を施しいよいよウサギ狩りの当日を迎えたのである。

薄曇りの空を見上げつつジムニーで猟場へ向かう。このジムニーという車、酷道でも楽に走れるパワーや小回りが利く機動性、荷物の収納力などの魅力から多くのマタギが乗っているまさにマタギ御用達車である。ちなみにジムニーと同様に軽トラックもマタギたちに愛されている車だ。

今日の猟場は根子（ねっこ）の集落から入った所だ。この根子の集落は阿仁マタギのルーツと言われている場所である。ジムニーから降りた私の出で立ちはまるで着ぐるみを着ているようで情けない。長袖の下着に厚手のウールのシャツ、セーターにゴアテックスのダウン入りコート。さらに下半身はラクダのももひきにトレパン、そのうえに中綿たっぷりのバイク用のオーバーズボン。まるでコントの相撲取りである。しかしまあこれなら寒くなかろう。もう問題ないはずだ。

師匠に手伝ってもらい生まれて初めてかんじきを着けた。さあ、いよいよだ。非常に緊張する。まずいきなり2メートルほどの雪の壁を乗り越えねばならない。これはどうやら除雪された雪がガードレールに固まってできたものらしい。これをよっこらしょと乗り越えて記念すべき雪山の第一歩である……が、すぐに転んだ。それも自分で自分の足を踏んで転んだのだ。転んでも痛くはないがショックである。足下を見ると右足で左足のかんじきを踏んでいた。確かにかんじきのお陰で足のサイズは随分と大きくなっている。象の足の裏が長靴の底に付いているようなものだ。起き上がり、慎重に2歩3歩進むもののまた転んだ。

こうして何とか先を行くマタギたちに付いていこうと必死で歩くことわずか20メートル。今度は突然視界が低くなった。気づくと下半身がすっぽりと雪に埋まっている。どうやら溝のような空間を踏み抜いたようだ。まったく身動きが取れない。マタギたちは進んで行くし出発して2分も経っていないのにもうリタイアか？　必死で抜け出そうとするが、周りにつかまるものは何もない。あるのは雪だけである。手を突けば手が雪に沈むだけで状況はさらに悪化する。多分底なし沼ってこんな感じなのだろう。マタギたちが戻ってくるまであと9時間はあるのに私はこの状態で待ち続けることになるのか？　いろいろと思いつつもがくうちに奇跡的に抜け出して隊列に戻ることができた。

マタギとともにひたすら雪を踏みつけて斜面を登る。全然寒くない。それどころか体が熱くてしょうがない。雪の中を進むのはかなりの運動量があるようだ。長靴は防寒用ではないが靴下を2枚重ねで履き、おまけに起毛の中敷を入れてある。これで冷たさはまったく感じない。東北の冬山はとても寒いというのは杞憂だったのだ。

汗をかきつつ登ること1時間余り、やっと最初の猟場に着いた。ブッパと勢子がそれぞれの位置についたことをトランシーバーで確認する。この無線機もマタギには欠かせない。広い猟場でのお互いの意思の疎通はもちろん、猟場と家との連絡にと重宝する。

私はブッパになった西根師匠の後ろに付いた。静寂のなかで聞こえるのは自分の息づか

猟場まではかんじきで雪を踏みしめて黙々と歩く。平地でもつらい積雪である。それでも確実に一歩一歩進む。体が一気に熱くなる

雪のなかで火はご馳走。マタギの着けるかんじきは名人の作である

4人のマタギは久々の成果に喜びながら昼食を食べる。青空が気持ちいい

いだけだ。突然激しく雪が降り出した。前が見えないくらいに降ったかと思ったらパッと止んで薄日が差す。曇ったかと思うとまた降り出す。くるくると変化する山の天気のなかで、待つほうは静かにしなければならない。ウサギは音に敏感だ。あの耳だから当然である。

狩りは〝上がり巻〟というやり方で、斜面を下から上に獲物を追い上げていく。木に寄りかかって待っているとかすかに下のほうから声が聞こえてきた。

「ほやー、ほやー」

「ほーっ、ほっ」

初めて聞く掛け声だ。近づいてくるのは勢子の声。西根師匠が銃を構える。私もカメラを構える。緊張の一瞬。勢子の声はどんどん近づいてくる。そして、見えたのは勢子の姿。あれ、ウサギは？　西根師匠が銃を降ろし、無線機を手にする。

「そっちさいったか？　うん、こっさ来ね」

話を聞くまでもない。ウサギはいなかった。斜面を登ってきた勢子もウサギの姿は見えなかったという。つまり、この巻のなかに最初からウサギは入っていなかったのだ。残念、まあいきなり獲れるわけはないか。軟弱な九州男児にビギナーズラックはなかったようだ。

このようにして巻狩りを何度か繰り返し、昼が過ぎ、夕方近くになって帰路に着く。私の両足の筋肉はビクビクとひきつっていて限界だ。足は痛いし、ひどく疲れた。もうぼろぼろの状態である。何よりもウサギの姿がまったく見られなかったのは残念で仕方ない。何だか自分でも獲物に恵まれていないような気がする。まさか山の神様は私のことを嫌っているのか。いいや、嫌われていないはずだと言い聞かせながらかんじきを外した。

このシーズンはこれが最初で最後のウサギ狩りとなった。獲物は手にできなかったが極上の経験であった。かんじきウォーキングがこれほどタフで面白いものとは知らなかった。いや雪山は本当に面白い。平地を歩くスノートレッキングは想像がつくが、山あり谷あり急斜面ありのこのマタギルートを一体誰が真冬に歩こうなどと考えるだろうか。マタギ以外には有り得ない。この男たちと行動を共にできたことが何よりうれしい。かえすがえすも残念なのはウサギの姿が見えなかったということ。次の機会には必ずウサギの姿を拝んでみせる。その時までに何とか山の神に気に入られるようにしなくては。

リベンジ・ウサギ狩り

次のウサギ狩りに参加するまでは3シーズン待たなければならなかった。心中期するものはある。私が参加するとことごとくスカとなるのは困る。ウサギ狩り以外にもマタギと山に入る機会は何度かあったがそういう時に限って獲物を手にすることが少ないのだ。ただ、なんとなく最近の山の神との相性がよくなっているような気がしているので今回は若美さんだ。

干期待を持っている。もちろん、明確な根拠はないが。

猟期も終わりに近い2月の日曜日、マタギたちは今シーズンまだウサギ狩りに行っていない。この年の狩猟シーズンも終了と思われた時季に私が押しかけていった。そんな状況のなかで集まってくれたマタギは4人、西根師匠に弟の弘二さん、斎藤伸一さん、伊東郷美さんだ。

前夜かなりの新雪が降って普通ならば猟は中止になるところだ。新雪が積もり過ぎると歩くのに難渋するからである。集まったもののマタギたちは相談する。

「どうする、今日やるべか?」

「うーん、どうすべ?」

しばしマタギたちは顔を見合わせる。私は必死で「やろう! 行こう!」と心の中で叫ぶ。ここまで時間と交通費をかけてやってきたので、ぜひとも成果がほしい。このように考えている私の妙なオーラを西根師匠が察してくれた。

「まあ田中さんもせっかく来たんだから一回くらいやってみるべか」

昨夜から今朝にかけての降雪で林道には40センチほどの新雪が積もっている。さすがのジムニーも時折タイヤを取られる。20分ほど進んだ所で車を降りて身支度を整えた。

今回厚着はしていない。また〝マイかんじき〟も用意した。マタギたちのかんじきは地元の名人の作だそうで、よく店先にぶら下げてあるお土産のかんじきとはモノが違う。私が持ってきた〝マイかんじき〟はというと、これが何と東京の会社で作っている。その名もスーパーカンジキといって、これが凄くいい。プラスチック製の和かんじきで山歩きに向いている。短いスキー板のような形状のいわゆるスノーシューは平地には向いているが、急斜面や密集した柴をかき分けて進むには不向きである。また靴についても言えば零下20℃でも平気などという防寒靴は外形が大きすぎて和かんじきを装着できない。かんじきが履けなければ山には入れないのだから過剰な装備も意味のないものになる。

〝マイかんじき〟を装着していざ出発。しかし本当に新雪はつらい。かんじきを履いても股のあたりまで軽く埋まってしまう。猟場までは一列で進んでいくのだが先頭の人が最もつらい。だから時折順番を入れ替わりながら猟場を目指す必要がある。しかし今日は天気がよくていい気持ちだ。青い空に輝く新雪を踏みしめ誰もいない山に分け入るのは爽快である。

4人のマタギ＋軟弱カメラマンで本日一番のきつい斜面を登り始めた。

「田中さん、先頭行ってみろや」

弘二さんに言われて先頭に回った。ここはほとんど崖だ。限りなく垂直に近く感じる。時折上を見上げながらルートを考える。凄い所だ。いや、これはしんどい。斜面と雪のせいで牛歩よりも遅いペースである。10歩進めばひと休み。そんな感じでこの難所を乗り切った。

高みに出ると熱した身体に心地よい風が当たる。かなり冷たいが春のそよ風のように感じられて気持ちいい。遠くに森吉山が見える。ああ、この空気がまたうまい。ひと息つくと今度は尾根筋を移動していく。尾根筋は長い廊下を歩くようで大変に楽だ。そして程なく最初の猟場に着いた。

私は役に立たないから4人だけの猟である。勢子がふたりでマチバ（ブッパ）がふたり。慎重にそれぞれの位置を決める。大人数の猟の時も同じであるが、シカリ（猟を仕切る人、差配する人）の的確な判断なしに獲物は獲れない。どこから勢子を追わせれば獲物はどこに走るのか、そしてどこで撃たせるのか。自然相手のまさに知恵比べである。今日はブッパがふたりしかいないから、なおさらだ。私はブッパとなった西根師匠の後ろでカメラを構えて静かに待つ。この猟場は主にブナの木からなる広葉樹の森だ。木と木の間は比較的密であるが、冬場のことなので明るく視界はよい。

猟のやり方は前回同様上がり巻である。無線で連絡を取り位置を最終確認すると猟が始まった。勢子が追い始めてからしばらくは待ちの時間が続く。私は静かなこの待ちの時間が好きだ。静けさとは対照的に獲物への期待がどんどん高まってくる。沸き上がる高揚感がたまらない。マタギの世界ではマチバ（ブッパ）は木になれという。静かに動かざること木の如くしていればウサギが横に逃げずに上がってくる。そこを撃てということらしい。私も木になろう、静かに動かず……と思っていたのだが師匠には

「田中さんの着ているものはガサガサ音がしてよくない」と言われた。ああ、木ではなくでくのぼうだったか。

聞こえてきた。

「ホヤーッ、ホヤーッ」

徐々に大きくなる勢子の声。高まる不安とわずかな期待のなかで目を凝らしてじっと森を見る。

「ホヤーッ、ホヤーッ、行ったぞ、行ったぞ」

勢子の声に思わず身を乗り出す。わからない。どこにウサギが……と思った瞬間だ。

〝パン、パン〟

乾いた発砲音が山々にこだました。西根師匠は銃を下ろすと無線機を手にした。

「斎藤さんか。どうした、獲れたか。そうか」

短いやり取りで話はわかった。すぐに斎藤さんの元へ大急ぎで斜面を横切っていった。ズボズボ歩きながらもまだ不安である。本当に獲れたのか。間違いでなければいいが。祈りながら近づいていく。勢子をやってくれた弘二さん、郷美さんの両マタギはもう着いている。流石だ。

「ウサギは?」

斎藤さんを見ると指さしてくれた。おおっ、ウサギがいる。雪に負けないくらいの純白

銃を構える西根師匠。静寂のなかでの緊張の一瞬だ。ウサギは果たして現れるのか

のウサギ。綺麗だ。型はあまりよくないと言っているが私には立派なウサギに見える。私がウサギが獲れた感動に浸ろうとしていたところマタギはさっさとリュックに入れてしまった。

ウサギも獲れたしこの辺りで昼飯ということになった。ぎゅっと締まった握り飯と缶コーヒー、そしてドリンク剤という山に入る時にはお決まりのマタギ御用達の昼食だ。広がる青空の下で雪に埋もれながら食べる握り飯の冷たいこと、歯にしみる。しかしこんな経験は滅多にできるものではない。本当にマタギの人たちに感謝、山の神にも感謝である。

今日はマタギたちの顔もほころびがちだ。近年、ウサギはかなり数が減っているという。これはどうやら全国的な傾向らしい。理由としてはいくつか挙げられている。乱獲のせいだとか、キツネが増えたからだとか、山が荒れてしまったせいだとか言われているが、確かな理由はわからない。昔、阿仁には凄い数のウサギがいたそうだ。巻狩りをすると勢子に追われたウサギがたくさん跳んできたらしい。弾の装塡が間に合わず足元をすり抜けていくウサギを思わず蹴飛ばそうとしたとか。それほどのウサギの大群は見てみたかった。対照的に全国で増えているのはシカだ。これは冬場の積雪量が少ないために越冬中の死亡率が下がったのが原因らしい。

目の前のウサギは久々の授かり物であり、それゆえにうれしさもひとしお。

「いやあ、ここさ来てよかったな」

「んだ。ここさいねなら、どこさいってもいねて」

「でもしゃ、田中さんが来るって言うから、こりゃまたダメだべって言ってたのしゃ」

やっぱり、そうだったか。それは本人も薄々感じていたことだ。このままスカ続きだと「あの人が来ると何も獲れん」と言われるようになってしまう。それだけは阻止せねばと臨んできたのであるがもうすでに私はタブーになっていたようだ。しかし、これでタブーを超えた存在だ!

昼食後、もうちょっとやってみるべということで移動を始めた。その途中で平場に入った。平場というのは、山のなかにしては比較的平坦な地形で私の大好きな場所だ。冬の平場ほど気持ちのいい所もない。ぽかんと空いた白い場所。音もなく、風も止んだ平場で立ち止まると、孤独とは違う不思議な暖かいサビシサに包まれる。今までに感じたことのない心地よさ。貴重な時間だ。

次の猟場は杉林のなかだ。ここは先ほどと違い、薄暗く邪魔になりそうな枝も多い。今回西根師匠は勢子に回る。そこで私は、マチバの弘二さんの後ろについた。しばらくすると下のほうから勢子の声が響いてきた。

勢子の声を聞きながらしばらく林のなかを凝視していると、もの凄い勢いで跳んでくるウサギの姿が目に入った。これがまた速い。まさに脱兎の如くでそのうえ、決して一直線に走らない。猛スピードのままクルクル向きを変える。これを撃つのか、視界は悪いし私はとっくにカメラを下ろして肉眼でウサギを追うのが精一杯だった。弘二さんも杉の木や枝のわずかな間に見えるウサギ目がけて引き金を引くが中（あた）らない。勢子がふたりしかいないからウサギを効率よく追い詰めることができない。猟場いっぱいにウサギが走り回ると流石に仕留めるのは難しいのだ。ただ、私としては複数のウサギが目撃できただけでも大興奮。これでもう帰ってもいいほどである。

　とは言うものの、最後にもう一度巻狩りをやってから山を下りることになった。私としては十分、満足しているのでまたマチバとなった西根師匠の後ろで余裕をもって構えている。勢子が上がってくるのに合わせて今度も巻きにウサギが跳んで来た。そのなかの一羽が私の直ぐ目の前まで来ていた。西根師匠は反対側を向いているのでウサギの接近に気づいていないようだ。これは大声で知らせたほうがよいものか迷いつつ遠慮がちに西根師匠に言った。

「あの、ウサギが来ていますよ」

「えっ、どこさ！」

　西根師匠が振り向いた時はすでに遅く、ウサギはビュンと消え失せていた。この場にあって私の台詞はかなり間抜けだったようで、あとでさんざんからかわれることとなった。

　結局3回の巻狩りで獲れたのは最初の一羽だけだった。それでも、ここ数年まともに姿すら見ていないウサギが巻きのたびに複数確かめられたのだ。これにはマタギたちも大喜びだ。

ウサギを食す

今回の狩りで獲れたウサギは一羽だが西根師匠が昨日〝忍び〟（文字通り獲物の来そうな場所に潜んで仕留める猟）で獲っておいた一羽も加えて料理する。理由は一羽では本当のウサギの味が出ないからだそうである。

まずはウサギの解体を行う。今回の解体担当は西根師匠の弟で根子マタギの弘二さんである。解体は薄暗くなり始めた庭先で始まった。最初にウサギの後ろ足を一本枝に縛って吊るす。ウサギのような小動物はたいてい吊るして解体する。アンコウの吊るし切りのようなものだ。準備ができたら皮を剝がしにかかるが、この作業はあっという間に終了していた。あまりの速さにどこに刃を入れてどう剝いだのかがよくわからなかったほど。

初めて見る毛皮のないウサギは綺麗な筋肉の塊で雪の中で輝いて見える。この筋肉があるから新雪の上でも猛スピードで走ることができるのか。皮を剝いだ後は腹を裂き、内臓を取り出す。この作業も見事な早さだ。次にまな板の上で伸びたウサギをナガサでぶつ切りにする。こうして野山を跳び回るウサギは骨付きぶつ切り肉となった。

ウサギ料理も熊と同じく鍋料理が基本だ。熊は肉と骨付き肉そして内臓と3種類の鍋になるがウサギは肉も内臓も全部を入れた1種類の鍋となる。肉を鍋に入れると鍋の中が綺麗な朱色に染まった。火にかけた鍋が段々と熱くなってくると味付けの準備。味付けはいつものマタギ流でいたって簡単、味噌と醤油と砂糖と酒で行う。場合によっては熊鍋と同様にこれに大根やゼンマイが加わる。解体も早業だったが料理の手際もすこぶるいい。あっという間にウサギ鍋の完成である。

ウサギが獲れたことでマタギたちは大喜び。熊の時よりは地味だがかなり盛り上がる。ウサギの鍋を囲みながらの楽しい宴会は夜が更けるまで続くのだ。私は今回初めてウサギを食べた。今までに似たような味を食べた記憶がない。熊やヤマドリ、キジの味も独特だがこれもウサギの味としか言いようがない個性のある味だ。臭みの一歩ほど手前の味との表現もできるし香りとも言えるかもしれない。不思議で魅力的な味だ。

ウサギ鍋はぶつ切りだから一緒に骨が入っている。この骨がえらく硬くておまけに軽く今までに囓ったことのない骨だ。ウサギの軽やかなフットワークはこの薄くて頑丈な骨に支えられているから可能なのかと食べて納得。ウサギもまた味、香り、歯ごたえのどれをとっても記憶に刻み込まれる山の神様からの授かり物である。

ウサギの味を反芻しつつ帰りの車の中でふと思った。現代の生活のなかで記憶に残るような味というものがどれくらいあるのだろうか。私が子どもの頃、父親と海岸に遊びにいくと岩にへばり付いたカキを叩き割ってよく口に放りこんでもらった。磯臭さとカキその

ウサギ狩りは成功！　獲物を見事に仕留めたのは斎藤さんだ

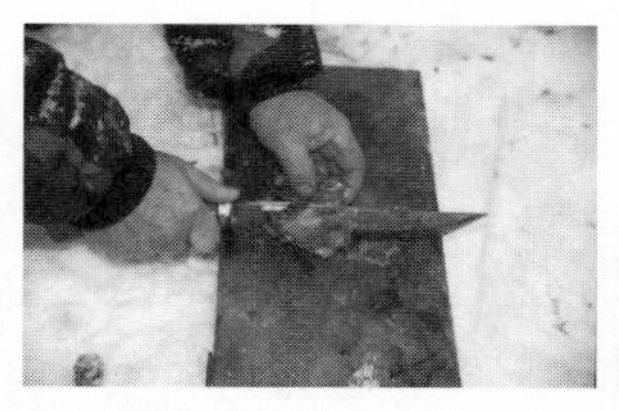

皮を剝いだウサギがぶつ切り肉になるまでもあっという間。すべてナガサでの作業となる

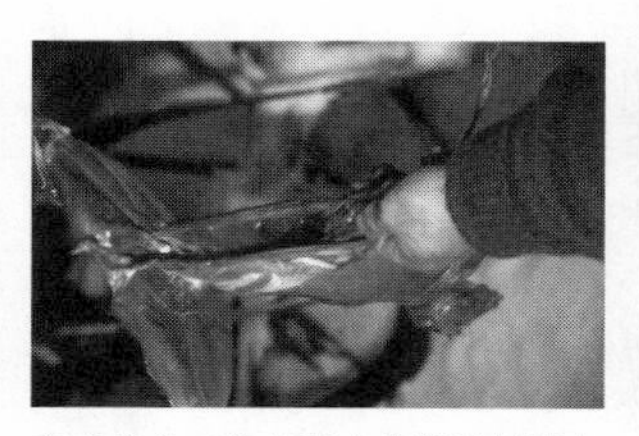

肉を自分で作り出す作業は神聖な行為である。見えないようにすることは、決してよいことではない

マタギの手にかかるとウサギの皮はあっという間にさばかれる

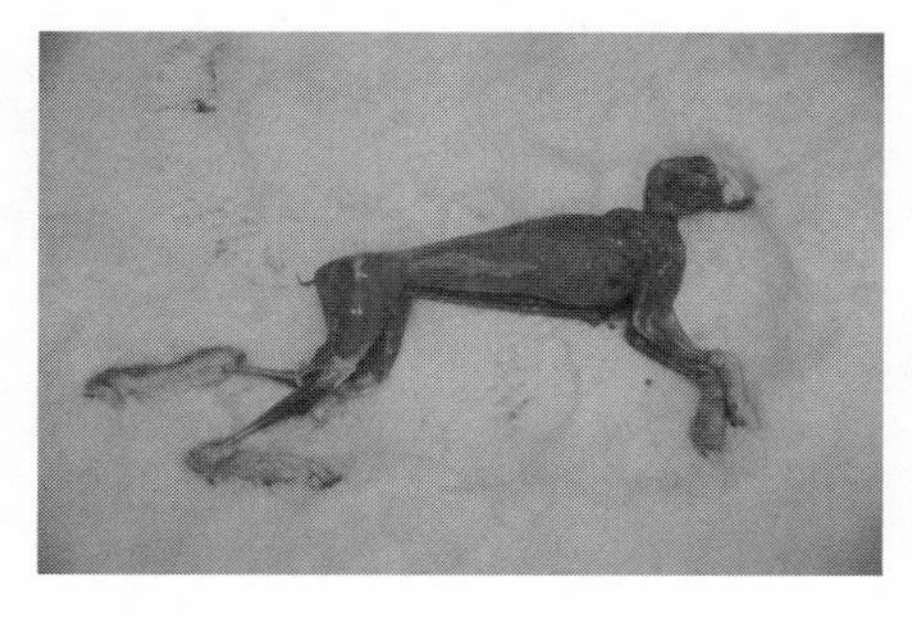

綺麗に皮を剝がされたウサギ。引き締まった筋肉から、その敏捷性が十分に見てとれる

ものの香りがいいなどと子どもが感じるはずもなく「おいしかや?」と尋ねる父に、「おいしゅうなか」と答えていた。しかしあの味は忘れることができない。今となっては、あの味は自分の宝物である。ウサギ料理もマタギにとって宝のひとつだろう。ここの子どもたちは宝の数が都会の子どもより多いに違いない。

命をいただく

自分で獲った獲物は自分でさばいて料理をする。それがマタギの流儀である。つまりマタギ料理は常に獲物の解体から始まる訳だ。現代の生活では解体から料理を始めることなど皆無だろう。魚ですら、さばく家庭は今や少数派らしい。刺身を買う、切り身の魚を焼く、それが料理といえるのかは個人的には疑問だ。驚くことに包丁もまな板もないという家庭すらあるらしい。その家では毎日、一体何を食べているのだろうか。

子どもの頃、縁日で買った3羽のカラーひよこを育てたことがある。カラーひよことは普通のひよこにスプレーで色が着けてあるだけで羽が抜け替わると普通の鶏になる。そのひよこが若鶏になった頃、少し早かったがつぶして食べた。目の前で首を切り、血を抜き、毛をむしり食材になってゆく光景は今も忘れられない。漫画『サザエさん』の中でも家の鶏をつぶす話が出てくる。ご馳走ではあるが一抹の悲しさ漂う食卓が描かれていた。ひと

上の写真はウサギの頭部。ウサギ鍋には、頭を含めたウサギのすべての部位がたっぷり二羽分入っている

つの命が消えることで別の命がつながる。これは当たり前のこと。昔はそれが日常のなかにあった。

少し前にクラスで食べることを目的に豚を飼い命の尊さを考える授業にしようとした小学校が話題となった。しかしみんながペット同様に飼った豚をわざわざ殺す必要があるのか。それが命の尊さを教える授業になっているとは私には思えない。このような行為は日常と結びついているからこそ意味がある。ペットと同様に可愛がった生き物を敢えて殺す必要はない。仮に授業でやるのならば日常のなかでやるべきだ。鶏や牛、豚などのスーパーで売られている肉がどのようにして命を奪われ解体されるかまでの現場を見せればいい。これでみんなの命はつながっているということが学べるだろう。マタギの狩猟はそのように命をいただき、つなぐことの実践なのである。

冬の川で漁をするマタギ

真冬のスコップ漁

魚を捕らえるのに網も釣り竿も要らない。必要なのはスコップだけ、そんな摩訶不思議な漁ジャガクというものが阿仁には伝わっているという。スコップで魚を捕るとは想像もつかない。おまけにこの漁は真冬の限られた時季にしかできないらしい。話を聞くだけではよくわからない。よし、百聞は一見に如かず。これは行くしかないだろう。しかし話を聞くと毎冬行うことができるというものではないようだ。そこで、スコップ漁ジャガクのことを知って以来、冬になると「今年はどうですか?」と連絡を入れていた。

近年は暖冬続きで阿仁も雪が少ない冬が当たり前になってきた。暖冬のせいで川に氷が

秋田内陸縦貫鉄道・萱草鉄橋（大又川橋梁）からの阿仁川の眺め。ここは撮影のベストポイントでもある

冬の阿仁川で動くのは川の流れとふたりのマタギだけ。思いのほか川幅の広い場所でジャガクを行う

着かない。この氷の着き方がジャガクには大切らしい。ジャガクを知ってからしばらくして久々の寒波に見舞われたある年の1月中頃、私は阿仁へ向かった。平年並みとはいかないが何とかジャガクが可能な川の状態になっているというのだ。これを逃したら今度いつできるかわからない。そのため、大急ぎで向かったのである。

今回は鉄道で阿仁に入る。普段なら迷わず車で阿仁に向かうのだがこの時は1泊2日しか予定が組めなかった。真冬に阿仁まで車で行くと片道10時間以上かかるのだ。これは時間の面でも体力的にもつらい。ところが下り始発の秋田新幹線こまちに乗り角館で秋田内陸縦貫鉄道に乗り換えると昼には阿仁の雪の中に立つことができる。こまちに乗ると言ったら列車大好きの息子が羨ましがるものだから私もなんとなくウキウキする。角館から鷹巣までを貫く秋田内陸縦貫鉄道も素晴らしい路線だ。私は鉄道マニアではないがこの路線はほのぼのとしていて気がつけばいつも写真を撮っている。

角館で乗り換えた秋田内陸縦貫鉄道は、一両編成の車両でとことこ進む。真っ白な大地を分けるように進むのは楽しい。進めば進むほど深くなる雪。私にとっては別世界と思える車窓の風景は飽きることがない。

今回は少しでも荷物を減らすため快晴の東京の空の下を長靴で家を出た。私が長靴でやって来たのを見て今回の川での漁を仕切ってくれる斎藤さんが笑いながら言った。

「それ履いて新幹線に乗ったか？　ははっ、度胸あるな」

確かにこまちに長靴で乗っている乗客は私の他にいなかった。

ジャガクをお願いしたのは西根師匠と斎藤さん。ウサギ狩りでもお世話になったお馴染みのマタギたちである。ジャガクを行う場所は西根師匠や斎藤さんが住む荒瀬地区を流れる阿仁川の本流である。川幅は結構広い。40メートルくらいあるだろうか。その川幅のうち氷が張らずに水の流れている部分が30メートルほどで岸から4〜5メートル程度氷が張っている。氷の張っている幅はこの程度がちょうどいい加減らしい。

かんじきで川に踏み入る

昼食を済ませるといよいよジャガクの始まりだ。山に入る訳でもないのにかんじきを着けるマタギたち。なぜ川に入るのにかんじきが必要なのだろう。不思議だ。そんな疑問をよそにマタギたちは河原に立つとまずは入念に下見を始めた。闇雲に氷を踏んで川に入ったりはしない。じっくりと川の様子、流れの具合、氷の着き方を見極める。西根師匠はあまりジャガクのことは詳しくないので今回は斎藤さんがシカリの立場だ。

ジャガクで大事なのは流れを堰き止めるポイントである。ここに向かって魚を追い込むのだ。つまり網のような仕掛けを川の中に構築する訳である。これをうまく設置しなければいくら魚がいても捕れない。

氷の下の川底の様子を読みつつ慎重にポイントを探す。場所が決まったら岸から川の中ほどに向けて一直線に切れ目を入れるように踏み砕いていく。この時にかんじきが威力を発揮するのである。長靴の数倍の面積で踏みつけるのだから何度も往復する必要がない。川でかんじきが見事に役立っている。この追い込みポイントをしっかり留めておかないと魚が逃げてしまうから大事だ。そのためにスコップで割れ目に雪をぶち込んで更に踏み固める。こうして川の流れに逆らう雪の壁がしっかりとでき上がった。

壁が完成すると今度はそっと下流のほうへ回り込む。この時、間違っても氷の上を踏んで移動してはいけない。間抜けにもそれをやるところであった私に西根師匠は言った。

「田中さん、魚逃げるよ」

下流への移動は川の中を回り込むか岸の雪の中を埋まりつつ進まねばならないのだ。スコップを肩に真冬の川を移動するマタギの姿は何とも面白い絵である。

さて、ここからスコップ漁の本格的な開始だ。20メートルほど下った所から凍った川にスコップで一撃を加える。

〝ガツン〟

これを合図にふたりのマタギたちは次々と氷を割っていく。流れに近い氷はそのまま川に流してしまう。まるでアムール川を流れて下る流氷のようだ(実際に見たことはないが)。流れない氷はスコップで割ったり足に着けたかんじきで踏み砕いたり。こうすることで魚の退路は完全に絶たれるのだ。魚は下流から上流に向かって追い立てるのがこの漁の基本だ。魚は流れに逆らう習性をもっている。氷の下でもこの習性は変わらない。

5分もすると体温が一気に上がる。この作業は見た目どおり重労働なのだ。湿った重い雪と氷との格闘。ウサギ狩りの時もそうであったが厳冬期とはいえ厚着は禁物だ。ひたすら氷を割り流しそして雪を入れる大変な作業。こうして魚を堰の部分へ徐々に追い詰めていく。魚も川の流れのほうへ逃げればよさそうなものだがこれまた習性で氷の下の暗い部分へと逃げ込んでいく。決して明るい流れのほうへ行ったりしないのだ。魚の習性と雪と氷を利用する漁、それがジャガクだ。

実は今回のジャガク、斎藤さんにとっても20数年ぶりのことである。西根師匠に至っては30年以上やっていないという。川のエキスパートといえる斎藤さんが20数年ぶりということはこの地域でのジャガクは実質的に幻の漁になっていたのである。

最初につくった雪の堰が近づいてきた。いよいよ大詰めだ。しかし斎藤さんの表情は冴えない。

「入ってないな」

まだ2メートルは残っているというのに。

「入ってたらもうここからわかるからな」

その言葉どおりの結果に辿り着くのに2分とかからなかった。真冬の阿仁川の水は澄み渡り、時折雪の塊がぷかりぷかりと流れてくる。しかし魚影はまったく見えない。魚たちはいったい何処で春を待っているのだろうか。

記憶の魚影と今の漁獲

2度目のジャガクは100メートルほど川を遡った辺りでやることにした。今度は先ほどの4分の1程度の広さである。しかし魚の影すら拝めない。もう2時間以上が経過している。マタギたちは顔を見合わせる。彼らにははっきりとわかったのだ。自分たちが歓声を上げて大漁の魚を雪上に掻き出していたあの頃とは違うということを。

ジャガクは冬の遊びではなかった。北国の山里は冬場文字通り閉ざされた空間になる。食べ物は塩の効いた保存食が中心で新鮮な蛋白源は貴重なものだった。ここ阿仁で手に入れることができたのはマタギが獲るウサギ、そしてジャガクの魚である。特にジャガクで捕れる大量の魚は素晴らしい恵みだったのである。

捕れるのは基本的にはハヤ、ウグイといわれる小魚だ。元々あまりうまい魚ではないが、真冬の時季は脂が乗っている。10センチ程度のハヤを生のまま包丁で細かく叩いてネギを散らし酢味噌で食べる。これがうまかったそうだ。ときには20センチ級が束になって捕れる。これらは、当時どこの家にもあった囲炉裏端で乾燥させて長く楽しんだ。ごっそり捕り尽くされたかにみえた魚も1週間たつと元通りになり再びジャガクできたという。なんという自然の豊かさ。彼らの脳裏にはあの頃の川がある。しかし目の前には明らかに違う川の姿があった。川そのものの微妙な変化。その原因は一体何なのか、マタギたちは考える。上流部の河川改修や山自体が荒れたからではないか……などと。魚の捕れる量が減れば、誰もこんな辛いジャガクなどしない。食生活も豊かになり店に行けば冬でも肉や魚が手に入るようになるとなおさらだ。

しばらく顔を見合わせていたマタギたちはもう一度下流に向かって歩き始めた。肩に担いだスコップから雫が落ちる。これが最後だろう。時計を見ながら私も後をついていった。3度目のジャガクを見ながら私は漁果などあまり気にはならなかった。それよりもふたりの男たちの動きに私は魅了され、ずっと見ていたいという気になった。もしかして彼らが追っているのは魚ではなく過ぎ去った日の、そして失われしものの影ではなかったのか。私には強くそう感じられたのである。

そのとき、魚が唐突に跳ねた。一瞬キラリと光りすぐさま雪と氷の中に消える。

「おおっ、いたな、今」

斎藤さんも意地だ。必死で川を掻き混ぜることしばし、やっとの思いで捕らえたのは10センチほどのヤマメと少し小ぶりのハヤであった。ジャガクを開始して4時間弱、辺りは暗くなり始めていた。

氷の割れ目に雪を運んでは投げ入れる。この作業は、魚を捕る行為にはまったく見えない

投げ入れた雪をかんじきでしっかりと踏み固める。これで作業の第1段階は完了する。これができると、今度は川下に下って魚の追い込みが始まる

凍った川にスコップで一撃。これが追い込みの合図だ

まずは堰き止める場所の氷をかんじきで割っていく。体重を乗せて一気に踏み砕いていく。ここをしっかり止めないと魚が逃げてしまうのだ

最後の最後に捕れたヤマメ（右）とハヤ（左)。これだけでも大変うれしい授かり物であった

ジャガクが幻となった瞬間

斎藤さんは御歳62歳になる。彼より若くてジャガクをできる人はいないという。熊狩りやウサギ狩りよりもずっと以前に消えてしまった川魚漁、ジャガク。この先、ジャガクが復活することもないだろう。伝承する者とされる者があって初めて技が伝わる。今は伝承される者がいない。斎藤さんたちに川魚漁の手ほどきをしてくれた人はジャガクのクライマックスで、氷の下に手を入れてみろと言った。恐る恐る入れた手に触れたもの、それは追い詰められてひと塊になったハヤの大群であった。このような驚きと喜びを人から伝えられ、また自分も誰かに伝える。お互いに幸せな関係だと思う。このようなつながりが現代では失われてしまったのではないだろうか。自然は変わり、人と人との関係も変わる。そして永遠に消えていくものがある。それが時代の流れであり人は常にその流れに乗らざるを得ない。

ジャガクは一日だけ復活した。そして恐らく最後のジャガクとなるのだろう。失われていくものを見届けるのは寂しい感じがする。阿仁からの帰路、私の脳裏に浮かんだのは魚の塊に目を輝かせる斎藤少年の顔であった。どんな高価なものよりも得がたい体験。この日、我々は確実にそのひとつを失ったのである。

マタギと渓流とイワナ釣り

源流にイワナを追う

阿仁の山々は実に複雑な地形をしている。無数とも思える沢筋が山に切れ込み、幾重にも山裾が織り込まれている。これにより山全体の表面積が増えて見た目より多くの生き物が棲息できるのではないか。その山を形作るうえで最も重要な水はどこから来るのかというと、冬場にたっぷりと降る雪である。冬場に降った雪は新緑の季節までゆっくりと溶けながら広葉樹の大地にしみ込む。保水力が高い広葉樹の森は水を含んだスポンジのようなものだ。すべての生き物に乳を与えるが如くに流れる水。微生物、植物、動物、そして人間にとって森は慈愛に満ちた母なのだ。

山の民マタギにとっては流れに潜むイワナも古来重要な蛋白源であった。マタギと魚、意外な組み合わせに感じるかもしれない。しかし何も熊やウサギばかりがマタギにとっての獲物ではない。これは前章のジャガクでも触れた。山を知り尽くした山のプロであるマタギには、獣も山菜もキノコもそして魚も山神様の恵みに他ならない。

そんなマタギ流の釣りの奥義を松橋時幸さんに見せてもらう機会があった（西根師匠は釣りはやらないので）。松橋さんは西根師匠の親戚筋であり、比立内で旅館業を営んでいる14代目のマタギである。初めて阿仁を訪れたときに泊まった旅館だ。猟仲間では〝旅館〟と呼ばれている。西根師匠はもちろん〝鍛冶屋〟と呼ばれていた。

実は渓流釣りというものを私はやったことがない。取材で何回か同行したことはあるがいつもほとんど釣果がなかった。渓流釣り師たちの間にも「本当に魚は少なくなった」というのが合言葉のようになっている。釣りをやらない私でも、渓流で魚は釣れないものだという先入観ができ上がってしまっているくらいだ。毎度のことではあるが獲物を追う取材は賭けのようなものだ。ひたすら山神様にお願いするしかない。

前の晩は松橋旅館に泊まり翌日に備える。しかし寝付きが悪い。うつらうつらしていると午前3時過ぎには隣の部屋の人が出かけていった。彼も釣りに来ているらしい。釣りは朝早く行くのが一般的。しかしこちらはそうではない。

「8時半頃出かけましょうか」

こう言う松橋名人の言葉に従いのんびり朝食を済ませてから軽トラックに乗り込んだ。そして林道を進みながら名人の話に耳を傾ける。方言で話されると静かな場所でも半分ほどしか言葉が理解できないのに林道を走行しながら聞く話はさっぱりわからない。ただし、次の言葉ははっきりと聞き取れた。

「15〜6本も釣ればいいですか?」

松橋名人は別に気負った様子もなく、まるで冷蔵庫の魚でも取り出すように言うがそんなことがこれから目の前で起こるのか? 半信半疑で林道をガタガタと進んだ。

40分ほどでポイントに到着。私にはここがどの辺りか見当もつかない。阿仁川の支流の比立内川、さらにその支流のそのまた支流の辺りか。とにかく阿仁の山は複雑である。何の準備もなく入ると帰って来られない。最強のガイドであるマタギがいなければ、とても私なぞ入ることはできない場所なのだ。

「じゃ、行きますよ」

名人の合図で沢筋に沿って進み始めた。しかし、100メートルも進まぬうちにカメラの調子がおかしくなった。何となく不安を感じつつ直ちに車に戻りカメラを取り替える。カメラを交換して元の場所に戻る途中で左ひざを岩に強打。尋常じゃなく痛い。悪いことは続くという。これは今回の取材でも獲物に恵まれないことを示しているのでは。そんな不安が膨らむ。

比立内で旅館を営むマタギ、松橋名人。西根師匠の親戚筋にもあたる。仕掛けを直すときだけメガネをそっと掛ける

名人の腕に驚愕

痛みと不安を抱えて沢へと戻ると名人はすでに2匹のイワナを手にしている。その姿を見て不安は解消された。釣り上げていたのは15～6センチくらいの型のイワナ。この時点では、まあこんなサイズだろうと思ったがこの失礼な考えはあっという間に打ち消された。渓流釣りというのは下流から少しずつ上流に向かって遡るように釣り進む。常に移動しながらの釣りなのだ。後ろから名人を見ているとこれがまあ釣れる！　一歩進めば1匹かかるといってもいいくらいの勢いだ。その型も20センチ級がほとんどで30センチ級も時々上がる。私は後ろから眺めながらあぜん、ぼうぜんである。ひょっとしてイワナ釣りは簡単なのか？　それともすごく条件のよい日なのだろうかとも思ったが松橋名人によると今日の条件はよくないそうだ。この年の春は雨がほとんど降らずに気温も高かった。そのため、川の水位がいつもより低い。また、この日の川の水は澄みきっているからイワナ釣りには向かないらしい。さらに天気はどんどんよくなってきて、さらに悪条件がプラスされそうだ。

「雨が降り出せば、それこそ嘘みたいに釣れるようになりますよ」

すっかり明るくなった空を見上げて松橋名人は落ち着き払った調子で解説してくれた。

雨が降ると水が濁り、隠れている大物が警戒を解いて出てくる。そうなれば当然、名人だから釣れるという訳だ。雨が降れば今の倍のペースで釣れるとのことである。

なぜ名人はこんなに次々とイワナが釣れるのだろう。名人の仕掛けに何か特別なものがあるのかと思って手元を覗いてみた。しかし、そこにあった仕掛けは道糸とハリスの間に板鉛が巻き付けてあるだけだ。餌はミミズである。これは普通のミミズだろうか？

「これは家の堆肥の中にいるミミズです。お店に売っているミミズとはにおいが違いますからね。釣れ方が全然違いますよ」

なるほど、ミミズのにおいが違うのか。そういえば、子どもの頃に飼っていた亀は天然物の太いミミズが大好きだった。山からミミズを捕ってくると入れものを見ただけで喜んでいたものだ。松橋名人の仕掛けはいたって単純で餌は自家製である。特別なものは何もない。それでもイワナは釣れまくる。他に秘密はないかと気にしながら撮影しつつ気付いたのは、名人の目のよさだ。偏光グラスも掛けないで離れた所から確実に魚の影を見分ける。

「今、黒い影が見えたでしょ」

こう言われてもこちらはさっぱりわからない。獲物を追う人は本当に目がよい。隠岐島で漁師の箱メガネを覗かせてもらったことがある。サザエ捕りには若干の自信がある私がなかなか獲物を見つけられない。しかし、彼らはいとも簡単に見つけ出す。月山で鷹匠と

新緑真っ盛りの森は美しすぎる。この素晴らしい場所を独り占め、いやふたり占めとは何とも贅沢だ

自家製堆肥の中の自家製ミミズで釣るイワナは、自給自足の趣である。このミミズを使うのが名人の極意だ

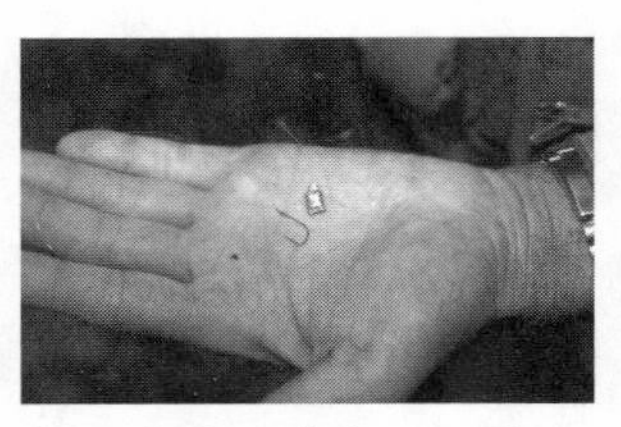

名人の仕掛けは非常にシンプル。道具ではなく技が釣果を左右する。そのことがよく理解できる

一番の大物は30センチ超え。西根師匠作のナガサと比べても、その堂々たる体躯が素晴らしい

骨となったカモシカ。動物は自然の摂理のなかで自由に生きている。その摂理のなかには山野にて死すということも含まれるのだ

猟に出た時は遥か彼方の雪中にウサギがいるといくら言われてもわからなかった。街中では自他共に認める目のよい私だが野に出ると敵わない。やはりプロは凄い。さらに松橋名人の技は目のよさだけに由来するのではない。イワナの生態を知り尽くし川を知り尽くしたうえでの技術、これに尽きる。とにかくその動きに無駄がない。ピンポイントで確実にイワナを釣り上げる。たとえ魚がいても、釣れないと判断すれば次に行く。岩陰からそっとイワナを窺う名人の姿は職人の確かな手業にも通じるものがある。

素晴らしき渓流

阿仁の山に入るたびに身も心もリフレッシュされる。特に今回はいつもと違い体にかかる負担が少なく楽だ。釣りのスピードに合わせた移動なのでどちらかというと止まっている時間のほうが長い。その間、新緑の森からはたっぷりとエネルギーが降り注ぎ気持ちいい。空気までも淡い緑に染まり体に直接入ってくる。本当にうまい！

名人をファインダー越しに見ながら時折意識が遠ざかるように感じる。森に溶けて吸い込まれそうだ。名人の姿も森の一部と化して見える。何も服のせいばかりではなさそうだ。そうか、マタギは森にとって異物ではないのだ。そんなことを考えながら進むうちに魚止めの滝が近づいた。木漏れ日のなかをのんびり歩くこと2時間ちょっと。滝の手前にはドームのような空間がぽっかりと口を開けている。頭上には抜けるような青空が広がり、山の神に歓迎された気分だ。

「あの滝の向こうはね、西木村ですよ。じゃあここで昼食にしましょう」

松橋名人はそう言うと小さなバッグにぎっしりと入ったイワナを取り出した。蕗の葉にくるまれたイワナの数は20匹。何もここで見せびらかそうというのではない。傷まないように内臓とエラを取り除くのである。ナガサで丁寧に腹を裂いて指で内臓を掻き出し、エラを摘み出す。こうすることで魚の鮮度は少しでも保てる。作業が終わるとマタギと歩くときにはお馴染みの圧縮マタギおにぎりをぱくつく。

「ほら、あそこに山菜の〝シドケ〟がありますよ。あっ、あっちには〝ウド〟がある」

おにぎりを食べながらも名人はいろいろと教えてくれるのだがメモは持って来ていないし、最近は記憶力が衰えて特に固有名詞がなかなか覚えられない。目で追ってもどれも緑の草にしか見えず情けない話である。

昼からは別の沢に移動することになった。唐突に藪こぎを始めて隣の沢筋を目指す。藪こぎは周りが見えないから自分がどこにいるのかさっぱりわからなくなる。こんな状況に今では驚くことはなくなったが。そう、マタギは道を歩かないのである。まあ山のなかに道はないのだが。まるでこれは「マタギの前に道はない、マタギの後に道は……やっぱりない」だ。歩くのではなくマタギは山のなかを自由自在に泳ぎ回っているのだ。そう考えれば道は必要ない。マタギの後ろ姿を見ながらそんなことを考えていると名人が足を止めた。

「これは熊の糞場、トイレですよ。こうやって熊は決まった場所に糞をするもんなんです」

確かに糞が山盛りだ。感心しつつ写真を撮っているとどうも臭い。これは糞のにおいではないようだ。名人が沢筋の位置を確認しているあいだにあたりを探すと、白骨死体を発見した。

「ああ、それはカモシカだ。珍しいものを見つけましたね」

藪のなかに埋もれるようにして転がっていたのはニホンカモシカの骨だった。生きたカモシカには何回か会ったことがあるが死臭ただようやつには初めてお目にかかった。

藪こぎをして進むことしばし、目の前に小さな沢が現れた。本当に阿仁の山は沢筋が多い。まるで沢の迷路である。以前、阿仁の山で迷ったら沢に下りるなと言われたことがある。よく山で迷ったら沢沿いに下りろと言われるのとは正反対だ。なぜ阿仁では沢筋に下りてはいけないのか。それは沢筋が複雑な事と滝が多く危険であるからだ。だからマタギは迷えば尾根を目指す。そこから周囲を見渡せば位置関係がわかるからだ。沢筋から自分の位置関係を把握することは難しいのである。しかし、今はマタギとともに渓流釣りの途中、入り込んだ沢のひとつへ下りていった。

14代続くマタギの末裔

松橋名人は代々マタギの家系に生まれ育った。小学校に入る頃には空気銃でスズメを仕留めるようになり村中のスズメが名人の顔を見ると逃げ出した。魚のほうもほぼ同じ時期からの付き合いである。ただし釣りの師匠は村にあった軍需工場の工場長だった。その頃の阿仁川は今と比べものにならないくらい魚影の濃い川だったそうだ。ちょうど田植えの時季になるとサクラマスの大群が遡上する。田仕事を終えてから川に下り投網を打ち、大量のサクラマスを肴に宴会が行われた。イワナ、ヤマメはもちろんのこと、ヤツメウナギも群れをなす。とにかく川には魚が沸いていた。

戦後まもなくから昭和30年頃までは毒漁の最盛期で阿仁川のあちこちでも毒薬が投げ込まれた。青酸化合物を流す毒漁は今ではとんでもなく聞こえるが、当時は珍しいものではなかった。上流から大量の魚が流れてくると「おっ、上で誰かやったな」と魚をかき集めたのである。青酸カリで死んだ魚を食べても大丈夫なのかと心配になるが内臓を取り除きさえすれば問題ないらしい。阿仁は鉱山があったせいか毒物や危険物が比較的手に入りやすかったようで、ダイナマイトを川にぶち込んで魚を捕ることも珍しくはなかった。勝手に発破用のダイナマイトを持ち出して川に投げ込んでいたというのだから凄すぎる。なお、毒を流して魚を捕る漁法は古のマタギにもあったようだ。毒として使用するのは山椒の葉と根、それに胡桃の実とよもぎの葉を混ぜ合わせたもの。これを沢に流すと魚が痺れて動きが鈍くなる。そこで手づかみで捕るというものだ。これに非常に近い漁はアマゾンのインディオたちにも伝わっている。

毒漁で苦労せずにごっそり魚が手に入ることで、釣りを辞めてしまった人もいたそうだがそれでも魚は絶えることなく沸き続けた。それなのに手荒な漁が禁止されてから逆に魚が減り出したのは皮肉な話ではないか。河川管理という名の土建行政の下、護岸はコンクリートで固められ、堰がいくつも築かれる。気がついたときにはサクラマスもヤツメウナギもほとんどその姿を見ることができなくなった。この点に関しては阿仁だけではなく全国どこでも似たような状況になっている。

イワナ釣りをしたのは春が深まる頃。この時期、松橋名人は田植えや山菜採りなどで忙しい。さらに入梅前の駆け込み取材が多く、テレビ、雑誌と立て続けに取材依頼も来る。それでも松橋名人が取材を断ることは滅多にない。これは西根師匠もそうだし、ほぼすべてのマタギたちに言えることだ。マタギのサービス精神はいたって旺盛である。最初、私は阿仁を広く知ってもらおうという郷土愛の成せる技かとも思っていたが、どうやらそれだけではないらしい。マタギのこのような姿勢を知る鍵は次の質問に対する松橋名人の答えにあるように思われる。

「マタギであると認められるのはどんな条件を満たしている場合ですか？」

「それはですね、自分たちが受け継いできたマタギとしての生き方、掟というものを守り、決して自分勝手な振る舞いをしないこと。そしてですね、受け継いできたものをきちんと伝えていく、それがマタギではないでしょうか」

この答えは意外であった。代々マタギの家系であるとか、昔からマタギたちに受け継がれてきた免許『山達根本の巻物』の有無など歴史についてはまったく触れていないのだ。看板だけいくらマタギといったところで何の意味もなく、マタギたるには中身が問題なのである。私が思うにマタギは伝承者なのだ。伝えるべきことがあり、受け継ぐ人がいる。この伝承という行為が地域のアイデンティティを守り、それにより地域のつながりが保たれる。郷土芸能や祭りにもそのような役割がある。そしてマタギとしての生き方にも同様の役割があったのだ。しかしマタギには簡単になれるものではない。特に現代の若者たちは山の民としての基本的なことすら身についていない。到底マタギになるのは無理な話。このような状況下でもマタギたちは山の民の知恵である自分たちの文化を伝え残そうとしている。そのお陰で私のような者でも拒まれることなく教えてもらえるのだろう。

取材も終わりに近づいた頃、名人がぽつりと言った。

「いやあ、やっぱり『三つ子の魂百まで』ではないでしょうかね」

「はあ、それだけ早いうちから慣れ親しむということが大事なんですね。ところでお孫さんはおいくつですか？」

「今年で3歳です」

「ということはもう山に連れていかないといけませんね」

この言葉を聞いて名人はうれしそうに笑った。それはマタギの顔ではなく、ごく普通のじいちゃんの顔になっていた。

歴史ある松橋家に残る村田銃や『山達根本の巻物』

山好きな松橋名人。お孫さんも山好きになるだろう

マタギの山のキノコ

マイタケをだしに師匠の元へ

猟師のイメージが強いマタギ。そこでキノコと言われてもピンとこない方もいるだろう。しかし山の民マタギにとっては、キノコも熊も大事な山の神からの授かり物なのだ。このキノコが私の山の師匠である鍛冶屋の西根正剛氏と初めて山に入るきっかけを生み出した。ずいぶん前のことだが、ある雑誌に『天然マイタケを探す』という企画を持ち込み幸運にもそれが通った。阿仁では天然マイタケが採れる。しかし貴重な天然マイタケがある場所は山に詳しくなければわからない。そこで阿仁の山をよく知るマタギの西根師匠に協力をお願いしたところ快く引き受けてくれたのだ。この章は師匠との記念すべき山歩き第一回の話である。

晴天に恵まれたある秋の日、西根師匠は2日間という時間を割いてくれた。私が東京から8時間の道中を運転し、やっと阿仁に辿り着いたときにはもう夕方である。出迎えてくれた西根師匠は仕事を早仕舞いして一緒に温泉に行こうとのお誘い。運転で疲れた身に温泉は魅力的だ。向かったのは打当温泉。本書の冒頭でも述べたが阿仁には根子、比立内、打当という3つのマタギ集落がある。そのうちのひとつ、打当地区に温泉が湧いているのだ。しかし打ち当てるなんて縁起のいい名前である。ここの温泉に入れば今回の取材でマイタケの大収穫が間違いないように思われるのだ。いざ温泉に入るとこの湯が熱い。私は熱い湯は苦手だがマイタケの成果を期待してじっくりと浸かった。ちなみに当時はいかにも地元の湯治場という感じだった打当温泉も、今では〝マタギの湯〟として完全リニューアルを済ませている。凄く立派な建物で、それでいて入浴料は安いので有り難い。湯の温度ものんびりできる温度になっている。

風呂から上がると、西根師匠の家で一杯やりながら山の話を聞き、明日に備えて英気を養った。

迎えた1日目、ハードな行程を覚悟しているが不安だ。初めて西根師匠と会ったときに「田中さんは山歩けそうだな」と言われたが、大外れ。私は体力にはまったくもって自信がない。頼みはわずかな根性のみだ。しかし、もともと枕が変わると眠れない性質で昨夜も寝られなかった。そんな状態で本当に山を歩けるのか、凄く不安である。

朝食を済ませると目的地までマタギ御用達のジムニーで林道を駆けていく。この林道の発達もマタギらしさを奪ってしまったのかもしれない。昔は家から奥山までを歩くしかなく、日帰りできない猟場の場合は山中で夜を明かす。野宿の場合もあればマタギ小屋と呼ばれる仮小屋で夜を明かしたこともあった。今ではそのようなことはない。林道のお陰で晩には家で一杯やりながら今日の猟の話ができる。ひ弱な私にとってこれは有り難いことで、家の前から歩けと言われたら敵前逃亡必至である。

林道を進む車の中からあたりを見回す。深い広葉樹の森である。そのうえ地形が複雑。谷筋が多くプリーツスカートのヒダのようだ。それだけ森の表面積が広い。多くの植物、多くの動物が棲息できる条件がそろっている。

車で小一時間ほど進んだ所で林道も終わり山歩きの始まりだ。リュックには西根夫人作のおにぎりとドリンク剤、缶コーヒー、そしてカメラを入れた。ピンスパイクの付いた長靴で足下を固めると山神様に冒険（私にとっては）の無事を祈った。

道なき道を進む

ジムニーを止めた林道から沢のほうに下りていく。そこから比較的平坦な所をまずは歩き始めた。こうして歩きながらマイタケのありそうな場所を探していく。マイタケは常に決まった場所におりる（生えるのではなく、おりると言うらしい）ものらしく、ミズナラの木がその目標となる。ひと塊の森にしか見えない私にはどれがミズナラやらブナやら皆目見当がつかない。恥ずかしながら農学部林学科の出身なのであるが、一体、何を勉強していたのやら。今更ながら反省を込めてよく目を凝らす。しかしさっぱりわからない。西根師匠はさっそく数カ所に目をつけたようだ。

「あそこさ行きますよ」

こう言ってずんずんと進む。こちらも遅れないよう後を追うが、内心では「えっ、ここを上る？」と思わずにいられない急角度の斜面を進むのだ。ここを下草や立ち木を足がかりにして上っていく。こうすればかなりの急斜面でも上れるものだ。また、スパイク長靴の威力でもある。目標に到着、木の周りをぐるりと探す。

「おりてないすな、ここには。今度はあそこさ行きますよ」

今度の目的地はさらに急斜面の上のほうだ。私はすでに息が上がっている。目標に到着、探す、ない。今度は下りる、探す、ない。もういっぺん上る、探す、ない。やっとここでひと休み。煙草に火をつけながら西根師匠は言う。

「いやあ、おりてないすなあ。今年は雨が少ないからだなあ」

確かに木の根元は乾ききっており素人目にも菌類は生えないと思える。見つかるまでこうやって彷徨するのがマイタケ採りらしいと気づいた私はいまさらながら山神様に早くマイタケが見つかることを祈るのである。

短い休憩を終え今度の目標は谷の向こう側。谷越えをするなんて冗談かと思ったがそうではないらしい。いったん沢に下りて渡りまた上るというのだ。ここは観念して出発した。そうこうして徐々に沢筋を上流へと遡ること3時間。ブナの巨木がまるで橋のように横たわる場所で昼食を取ることにした。ぎゅっと締まったおにぎりを缶コーヒーで流し込みながら森に包み込まれる。とても安心した気分になる。この安心感は、マタギという最強のガイドが側にいるからではある。ひとりだったら熊などの出没に怯え、びくびくして座ってもいられないだろう。

昼食を取った場所もそうだが、山を歩いていると所々に倒れている巨木を見かけた。その光景を目にしてこうやって世代は交代するんだなと思ったがどうやら勘違いらしい。このとき見た倒木のほとんどは1991年の台風19号による被害の跡であった。この台風はまれにみる風台風で、ご記憶の向きもあろうかと思われる。青森ではリンゴが落ち、瀬戸内では強風で巻き上げられた海水による塩害でミカンの木は枯れ果て、大分では杉の木がごっそり倒れ、山陰では屋根瓦が吹っ飛んだまま正月を迎えるという強烈な台風だったのである。ここ阿仁の山の被害もかなりのものだったらしい。マイタケ探しで山に入ったときは台風から数年たっていたが当時も巨木がゴロゴロと転がっていて危険であった。

マイタケはミズナラの木を目印に探す。ミズナラは
白い樹皮が特徴

昼食後はさらに奥地を目指す。ここからほとんど沢登りである。長靴で行けそうな所を選びながら進む。時折、西根師匠はミズナラを見つけては斜面を登っていく。なんとかついていくがマイタケは見つからない。さらにこの辺りから足が攣り出した。左の太ももがひくひく痛む。まだ折り返し地点にも着いていないのにこれはまずい。それからさらに1時間ほど足の筋肉をなだめすかしながら歩いてやっと目的の場所に到着。しかしここにもマイタケはおりていなかった。山だからチョコレートというのも古くさいが糖分摂取で足が攣るのを先延ばしにできればという淡い期待を抱いて道中で口にしてきたのだ。ここからはそれもなくなる。最後の塊を口に放り込み、覚悟を決めて踵を返した。

帰路は比較的まっすぐに下っていく。マイタケを完全に諦めたわけではない西根師匠は時折ふらりとミズナラの元に飛び去り舞い戻る。午前中よりは斜面を上り下りする回数は減っている。しかしダメージは確実に蓄積されていてもうダウン寸前だ。右足はとっくに言うことを聞いてくれない。

平坦地でもきついのが藪こぎだ。密集した柴を掻き分けて進むが、身長182センチの私にはこれが不向きな作業である。おまけに背中のリュックが何度も柴に引っ掛かりのけぞる度に帽子がすっ飛ぶ。そういえばマタギたちにむくつけき大男はいない。芝居に出てくるように熊の皮をまとった毛むくじゃらのでかい奴では、藪こぎが必須のこの山は多分思う。

歩けない。マタギの山歩きはマラソンと似ているのだ。だから小柄なほうが向いていると

太ももを叩いたりつねったりしながら歩き続ける。いったいあとどれくらいでジムニーに乗れるのか？　もう午後4時近い時間だ。足は完全に限界である。数多くの沢を渡り、斜面を数メートルほど這い上るとポカンと視界が開けた。林道に出たのだ。これは喜んでいいのか？　それともここからまた山のなかに入っていくのだろうか？　不安な気持ちを抑えながら林道を這い上がる。

しばらく歩くと西根師匠が立ち止まり上を指すのである。もう疲れきっていて頭を上げるのも億劫だったが目をやって驚いた。カモシカが我々を見下ろしている。大きく見開いた目や真っ黒な鼻のてかりまではっきりと見える。その距離わずかに5メートル。しばらく見合ったままでお互いを確認し合う。これは写真を撮らねばならない。静かにカメラを取り出した。広角レンズから85ミリに換えるまで20秒、そして2回シャッターを切ると彼はゆっくりと後ろ向きに森に消えていった。片方の角が折れたなかなかの大物であった。マイタケには出会えなかったが、最後にばったりと素晴らしい獲物を山の神は恵んでくれたらしい。思わず顔がほころび少し疲れも癒される。わずかに元気を取り戻してえっちらおっちら林道をしばらく歩くと、そこに愛しのジムニーが待っていた。

山歩きから戻り温泉に浸かりながら足を揉む。疲れたなんてもんじゃない。身も心も緊

ミズナラを見つけると斜面を登り、根元を確認する。
しかし、なかなか目的の天然マイタケが見つからない

沢に下りて上流を目指す。森吉山のなかでも秘境に入る
この地域はマイタケ以外に熊の宝庫でもある

張しているので持ちこたえてはいるが限界は超えていた。ぼーっとした頭で高い天井を見上げながら今日の行軍を思い出してみる。面白かった。もう掛け値なしに面白い。そして、きつかった。もういやになるほどきつい。しかしこのくらいのことは西根師匠にとっては〝屁のマタギ〟なんだろうな。山に入るのは数カ月ぶりだと言っていたが信じられない体力だ。その間秘密のトレーニングでもしていたんじゃないのか。マタギ養生ギプスを着けて食事するとか。ああ、こんなくだらないことを考えられるならば私もまだ大丈夫だ。

マイタケ以外の山菜、キノコは大漁

取材2日目の朝は足も腰も痛くて重い。体力が20パーセントくらいしか回復していない感じだ。学生時代は運動部に入っておりその頃は体力にある程度の自信があった。しかしそれも昔の話、体力は激しく低下している。あの頃の体力があれば山歩きをしてもおつりがくるほどだっただろう。今日も山であのように激しく歩き回るのだろうか？　不安のなかで朝食をいただいたあと、ジムニーに乗り込んだ。

「3時頃にはこちらを出たいので、だから、あのう、あまり遠くへは行けませんよね」

まったく情けない台詞である。

「そうさな、今日は露熊（つゆくま）のほうさ、行ってみるべしゃ」

行ってみるのはいいけれどそこからが怖い。そんな思いを抱き、色づき始めた山々を見上げながら露熊に向かった。露熊というのもなかなかマタギの里らしい地名だ。地図を見ると露熊山峡となっていて紅葉のマークが付いている。峠を越えて下り始めると確かに紅葉マークが付きそうな景観のよい所である。渓谷の最深部に橋が架かりスケールは小さいながら気持ちがいい場所だ。そこからわずかに上がった所でジムニーが止まる。ついに山歩きの時がきてしまった。覚悟を決めて支度を整え沢を下り始めた。

「これぐらいの斜面であれば一気に下りていけますよ」

西根師匠が山歩きの技術を教えてくれるという。しかし師匠の言う斜面は、私には崖にしか見えない。師匠は2メートルほどの木を小脇に抱え込むと、まるで船頭が竿を差すように構える。そしてその木に体重を乗せるようにして一気に滑り下りてくる。凄い、やってみたいが止めておこう。今の私では下るのではなく落ちるのは間違いなさそうだ。

沢沿いで集めるのはキノコではなくミズノコブという山菜である。私は初めて見たが九州のほうにもあるそうだ。赤褐色の硬い大豆ほどの実をひたすら集める。これから葉を取り除きコブだけにしたものをさっと湯がく。するとこれが綺麗な緑色に変化する。このミズノコブを細かく刻んでシソの実やミョウガを入れて醤油を落とし、かき混ぜて食す。納豆みたいな粘りが出て非常にうまいのだ。これは子どもでも簡単に採れる貴重な山菜である。大量のミズノコブを抱えつつ、今度は横へ移動していく。すると、さっそくキノコを

１日目最後にカモシカと遭遇。お互いが立ちつくし、
しばし見つめ合ったあとに数カット撮影した

ミズという山菜の葉を取るとコブが残る。これが〝ミズノコブ〟である

比較的簡単に見つかり、誰でも採れるキノコ、サモダシ。おいしいキノコだ

発見。

「これはサモダシだあ」

ありふれたキノコであろうことは、西根師匠の口調からもわかる。〝サモダシ〟とも〝さわもたせ〟とも言う。ナラタケの仲間らしい。

キノコや魚介類はその地方独特の呼び名をもっている場合が多い。西九州ではポピュラーな魚であるアラカブは、他の地域ではボッカメバルだのカサゴメバルだのと呼ばれている。しかし、あの魚は私にとってアラカブ以外の何物にも思えないのだが。話が逸れたが、サモダシがまたいいキノコなのだ。味噌汁にすると抜群のダシが出ておいしいし、茹でて大根おろしと和えるのも最高。この日はサモダシも大漁で大感激。

収穫した山の幸をマタギ流に料理

サモダシを集めたところで、この日の山歩きは終了となった。このあとは収穫物による簡単なマタギ野外料理である。これも楽しみだ。体力を使い果たした前日とは違い、余力が残った状態で露熊にある西根師匠の隠れ家に向かう。ここからまた師匠の独壇場だ。まず鍋を火にかける訳だが、この手際のよさは一見の価値あり。まず手頃な太さの立ち木をナガサで3本切り倒す。これを組み合わせてトライポッド（三脚）を作る。そして真ん中にこれまたうまい具合に切った枝を吊り下げる。これが片仮名のレの字型をしているので自在鉤になるというわけだ。そこへ鍋をかけるのだが火の熾し方が面白い。杉の木の下のほうに付いている枯れ枝をバキバキと折り取って枝は長い状態のまま平行に積み上げていく。鍋の両側に長々と枝がはみ出た光景は実に奇妙だ。まるで何かのまじないのようにも見える。

「これがマタギ流の火の熾し方ですよ」

西根師匠は積み上げた枝の真ん中あたりに点火しながら説明してくれた。曰く、こうして平行に積み重ねていくことで空気の通りがよくなる。燃料とする枝は落ちているものを集めてはいけない。山に落ちている木はかなり水分を含んでいるからだ。立ち木に付いている枝のほうが水分が多いと思われるかもしれないが、さにあらず。幹の下のほうには枯れ枝がけっこう付いていて、実はこれがよく乾燥している。また、切りそろえた薪を平行に積み重ねたら空気の通り道がないので、売っている薪ではこのやり方ができない。自然のままの枝だからこそできるやり方なのだ。

このやり方ではそのまま一気に横方向まで燃えてしまいそうだが、決してそのようなことはない。鍋の下の火は上に燃え上がるが、横にはじわりと広がるだけだという。実際に火が強くなっても横方向へ燃え広がる速度は極めて遅い。そして、中心部が先に燃え尽きてきたら両端の枝を真ん中に持ってきてやればよい。これは極めて合理的な焚火の仕方だ。

ミズノコブはミョウガとシソの実を和えた一品に

何もかも山で調達するマタギの技がこれだ。特にこのトライポッドのできは素晴らしい

サモダシをさっと湯がいて大根おろし和えにした

シンプルなサモダシの味噌汁。これが実によい味だ

マタギ流焚火の極意はこの薪の重ね方にある

さらにこのマタギ流は火加減の調節が利くという点が素晴らしい。鍋を吊っている三脚状の木の間隔を広げれば鍋がその分下がって強火に、狭めれば火から遠くなるので弱火になるという至極簡単な理屈である。さまざまなアウトドアのハウツーで見るカマドの作り方や薪の組み方とはまったく違う。マタギの技をひとつ学べたことは非常にうれしい。これも自然の恵みがあるからできることである。その気持ちを忘れず、面白半分に真似して火を熾すことは止めてほしい。

さてお湯が沸いたら先ほど述べたサモダシとミズノコブを調理して食す。湯がいて和え物にしたり、味噌汁にしたりするが自分たちで採った山菜やキノコを楽しく味わえるのは幸せだ。青空の下で山の恵みを思う存分満喫した。

季節とともに生きるマタギ

初めての阿仁の山歩きでは秋を深く感じた。街の生活では最近感じることが少なくなっていた季節を強く意識できる体験だ。私が東京に出てきたのはずいぶん前のことである。初めの頃は季節の移り変わりがあまりにも鈍いのが気になった。真冬に蚊が飛んでいることもあってこれは許しがたい。春や秋のにおいもあまりしない。何もかもがぼおっとしている。人工の刺激ばかりが一年中あふれ最も生物に影響を及ぼすはずの光や気温の変化は排除される。東京では五感で季節の移ろいを感じるのは難しくなっているのかもしれない。都心でぬくぬくと生活している者のタワゴトと言われそうであるが都心の生活は両手に持ちきれないくらいのものを抱えているのにまだ欲しい、まだ欲しい、でも何も落としたくない、そんな強欲な感じがしてならない。

マタギは四季それぞれの山にあるものを糧とし、そこに楽しみも見つけて生活してきた。そんなマタギたちにとって春はいてもたってもいられない時季だ。理由は春の有害駆除名目での猟が4月になると始まるからである。この猟は各地区の猟友会単位で冬眠明けの熊を狙う集団猟だ。4月といっても奥山の雪はかなり深い。雪が猟の障害になるように思うがむしろ好都合であるらしい。この頃は雪がどんどん溶け出し硬く締まった状態になる。これが硬雪というやつで、かんじきなしでもずんずん歩くことができる。それどころか普段なら進むこともままならない藪もことごとく雪の下敷きだから一年で最も山が歩きやすいのだ。また難儀する谷越えも谷がほとんど雪崩で埋まっていて苦もなく最短距離で移動できる。こうして昔からマタギは長距離歩行にうまく雪を利用していたのである。もちろんマタギといえども自然災害からは完全に逃れられるわけではない。雪崩のために命を落とす者たちも当然いる。どんなに注意していても逃れられないのが自然の怖さなのだ。だからマタギは神にひたすら祈るのである。家族の元へ帰るために。

春先に阿仁を訪れたことがあるが流石に主要道路に雪はない。しかしほとんどの林道は雪のために通行止めで周りの山々にはたっぷりの雪が残っていた。その光景を見てこの雪なら谷越えも楽だろうと思った。ちなみに私が行った時はちょうど彼岸の頃。この地では彼岸の墓参りの人たちはまず雪から墓を掘り出すのが仕事になる。雪国で当たり前のような光景も九州人には物珍しい。知り合いの女性にこの話をすると彼女は言った。

「私の実家も雪深い所だけど冬場危なそうな病人がいる家は墓に旗を立てるんだよ」

「何で?」

「そうしないともしも亡くなったときに墓の場所がわからなくて困るから」

雪国の生活の知恵かもしれないが本当に生きているうちにそんなことをするのだろうか?

ちなみに人の一生について西根師匠がよく口にする言葉がある。

「ブナ林の一年を見ていると本当に人間の一生に似てるべしゃ」

師匠はブームとなった絵本『葉っぱのフレディ』が世間に知られるずっと以前からこう言っていた。四季の移り変わりが明確な山と生きるマタギにはごく自然に抱く感慨なのだろう。

山奥に天然マイタケを追う

やっぱり天然マイタケが見たい

今やマイタケは珍しい食べ物ではない。新潟にある企業がマイタケの大量栽培に成功してから一年中安い値段で手に入るようになった。誰もが食べられる時代となりよく知られるキノコとなったマイタケだが、これが天然物となると話が違ってくる。見つけた人が喜びのあまり舞い上がってしまうからマイタケだとか、食べると思わず踊り出すからマイタケだとか言われ、簡単には手に入らない価値あるキノコとされる。

「マツタケなんて目じゃない、キノコの王様はマイタケだ」

こう言う人もいるくらいで天然マイタケのステータスは高く貴重品なのである。以前、私の山の師匠である西根正剛さんと探した時には見つけられなかったが、ぜひともその王様に会ってみたい。噂によるとひと抱え30キロにもなる巨大な王様もいるらしい。30キロの天然マイタケを見つけられたら私はうれしさのあまりきっと踊ってしまうに違いない。でも、体力に乏しいため重くて持って帰れなくて泣く泣く置いてきそうだ。以前、比立内で旅館を営むマタギの松橋時幸さんに言われたことを思い出す。

「猟は根性だ」

獲物を追うのも根性だが手に入れた獲物を持ち帰るのも根性がいる。山の反対斜面にいる熊を仕留める。熊はごろごろと転がり落ちていく。うまく途中で引っ掛かればいいがそのまま谷底まで落ちていくこともある。当然、谷まで探しに行き、そこから引き上げねばならない。とても引き上げられそうになければ谷を流れる沢の中を熊を引っ張りながら進むしかない。いかに水が冷たかろうと熊ごと深みを渡り切るのである。話を聞くだけでも熱が出そうだ。

マイタケ採りは西根師匠の弟である弘二さんが名人だと聞き、以前よりなんとか連れていってもらおうと企んでいた。熊やウサギの狩りは複数の仲間と行うため全員の予定が合わなければならない。しかしマイタケはひとりで行くので弘二さんの都合だけを確認すれば連れていってもらえる。では秋になればいつでもマイタケを採りに行けるかというとそう簡単ではない。キノコ類の生育はその年の気候に大きく左右されるのだ。そのため、直前にならないと採りに行けるかどうかわからないのである。マイタケを採り損じたことがないという名人の弘二さんであってもそこは同じこと。だから、取材予定を組むのはやはり難しい。

キノコ類は不思議な生き物である。菌類であるキノコはごくわずかな期間だけ人間の目に見えるような姿になるのだがその時以外に意識されることは殆どない。そして食べ物として認識されるには有毒か無毒かにかかっている。しかし人間の目に触れることのない長い間、キノコは森の土の中で何をしているのであろうか。なかなか興味深い。

キノコにはマイタケのように立ち木におりるものと、シイタケのように倒木におりるものがあるがこの倒木組にも好き嫌いがあるらしい。単に森に転がっているように見える倒木でも実は違いがあるのだ。朽ち果てた末に倒れたもの、台風などの風災害で倒れたもの、そして豪雪の重みに耐え切れず倒れたものなど。私から見れば山に倒れている木に何の差があるのか見当もつかないがキノコにとっては豪邸とテントほどの差があるのだろう。おりない木にはまったくおりない。一番いいのは冬場に転んだ木だそうで（転ぶというのが地元の言い方）、逆に夏場に転んだ木はまったくダメらしい。１９９１年の台風19号で大量に転んだ木には全然おりないという。自然というものは本当に微妙なバランスの上に成り立っているのである。

たまたま9月半ばに岩手県で取材の予定が入りそれに合わせて天然マイタケ取材もでき

天然マイタケは抱えきれないほど大きな株が見つかることも

ないものかと思い弘二さんに問い合わせてみた。

「今年はそろそろおりているんじゃないか」

と弘二さんが言うのでマイタケ採りに行くことが決定。前回は西根師匠と挑戦して果たせなかったマイタケ採りだ。行く前から楽しみでわくわくする。しかし、近年は梅雨時に雨が降らなかったり、夏場に気温が上がらなかったりと天候不順が続いている。いや、もしかしたらこのような気候が当たり前になりつつあるのか。山を見続けているマタギには自然の変化が非常に気にかかるところだろう。


いよいよその日がやって来た。９月半ばを過ぎたというのに気温はまだまだ高い。私は前日から弘二さんの家に泊めていただいている。これから採りに行こうというのは早生のマイタケだ。マイタケに早生や晩生（おくて）があるなどとは知らなかった。正確に言うと、早生、中手、晩生がある。晩生のマイタケは11月に入ってから採れるもので、俗に霜降りマイタケとも呼ばれる。早生に比べるとヒダの広がりがかなり小さいらしい。これも天然マイタケならではの呼び名である。


朝食を済ませてマタギ御用達車ジムニーに乗り込む。林道をごとごと進むこと30分。山仕事用に開かれた場所がありそこが林道の終点になっている。ここから登り始めるのだ。見ると先に軽トラックが１台止まっている。

「あれもマイタケだな」

弘二さんの言葉にこれは競争になるのかなとも思ったが先客はかなりの高齢の方だった。熊避けの鈴を下げてカゴを背負った老人と二言三言話をして先に登り始める。阿仁では高齢者でもひとりで山に入る人は珍しくない。山菜やキノコが採れる時季に特に多い。体が動く限り山に入ろうとする人たち。阿仁町にゲートボール場などは必要ないようだ。体を動かす場所も楽しみもここの老人たちには山ほどあるのだから。

谷底のカメラは貢ぎもの？

山歩きが好きな人は山のことを考えただけでウキウキするのだろう。私は別段好きでもないからいざ登り始めてもウキウキもしないしうれしいとも思わない。今日はどれくらい歩いて何時頃帰って来られるのかとそんなことばかり考えながら歩く。もちろんマイタケが採れるように祈りながら。

今日の目標地点は車を止めた場所から3時間ほど歩いた所である。例の如く、登りやすい登山道ではなく、急斜面あり谷あり藪こぎありのマタギルートを進む。途中で天然マイタケを発見した。しかしこれは小さい。でもこの先なかったら困るから写真を撮っておくことにする。

見つけたマイタケがある場所はマタギルートからすれば大した斜面ではなく、斜面下側

道なき山をマタギに連れられて歩く

師匠の弟、弘二さんとともにマイタケを探す。いつものとおり、

から腰を落として撮影開始。そうして2〜3カット撮った時である。左肩に掛けていたカメラのストラップがツルリと滑り落ちた。私は山に入るときだけカメラマンベストを着用している。最初の頃はリュック式のバッグを背負って入ったのだがこれだと藪こぎは難儀するし、すぐにカメラを取り出せない。バッグを下ろそうにも斜面では置けない。そこで、値段は高いがニコンのベストを夏冬用買いそろえた。このベストの肩の部分にストラップ留めが付いているのだが、EOS1−HSの重さに耐え切れずペロンと外れてしまったのだ。足元に落ちた瞬間は何が落ちたか直ぐにはわからなかった。後ろを振り返り、凄い勢いで斜面を転がり落ちる黒い物体がカメラだと気づいたがあまりの勢いに追いかけることもできない。この斜面を一緒に駆け下りるのはカメラと運命を共にするようなものだ。眺める内にカメラは谷底に消えていった。

普段、山に入る時、カメラは1台だけなのだが今回に限って2台持って来ている。これがまずかった。1台ならば常にストラップを首に掛けている。険しい場所を移動する時にはたすき掛けにして、両手が使えるようにする。ところが今回は2台だから、普段は使わないストラップ止めを使用して両肩に掛けていたのだ。私が呆然としていると状況に気づいた弘二さんがやってきた。

「どうした。カメラ落ちたか？　はあ、ここは沢まで行っているからなあ。田中さんじゃ下りられねえって。おらが取ってくるから」

真っ白なブナカノカは森のなかでも非常に目立つ存在だ。
水分が多いので、絞れば袋に詰め込むことができる

シメジやナメコは倒木におりるキノコである。森吉山
ではマイタケ以外にも、数多くの天然のキノコが見つ
かる

カメラはもう1台あるから別に構わない。それにどうせ全壊状態だろうから、落ちたカメラはほっといて先に行こうと弘二さんに言ったが、弘二さんは気軽に「いいから、いいから」と言いながら谷へ消えていった。

私は突然ひとりになった。風にざわめく木々を見上げながら熊が出ないことを祈りつつ待つ。そうして待つこと30分ほど、どこからともなく現れた弘二さんの手には頭（?）がパカッと割れたEOS1―HSの姿が。よくこんな小さなものを見つけられたものだと驚いた。それにも増して驚いたのはカメラ自体の損傷が思ったほどではないことだ。もうバラバラになっていると覚悟していたのにフィルムはしっかりと守られていた。本当にとんでもない所を転げ落ち、木っ端みじんは免れないと思ったのだが。だてに重くできているわけではなかった、このカメラ。壊れたEOS1―HSを仕舞い、先を目指す。このカメラは山の神へのお供えだ。これできっと天然マイタケの大物が採れる。勝手にそう思って歩き続けた。

ついに念願のご対面

藪をこぎ、倒木を乗り越えてしばらく行くと何もない空間が現れた。あるのはただの急斜面、それが山の中腹から谷まで続いている。まさかここを進むのか？　それともどこかに迂回するのだろうかと思っているとこう言われた。

「じゃあ、おらが先に行くから」

そしてさっと斜面を渡る弘二さん。やはりここを行くしかないのか。しょうがない。私もさささっと……とはいかない。谷に向かってずるずると落ちていく。おお、これではカメラと同じ運命ではないか。スパイク付き長靴を履いているが頼みのスパイクがまったく効かない。斜面は砂地で、まるでアリ地獄。つかまる所もないので止まらない。命の危険を感じつつとにかく必死に何とかしようともがく。先に行っていた弘二さんが伸ばす手を無我夢中でつかむ。いったいどうして辿り着いたのか定かでないが何とか斜面を渡りきった。私はかなり危険な場所でもあまり怖いと思うことはない。しかしこの時ばかりは恐怖に縮み上がった。やはりマイタケは簡単には採れないものらしい。

カメラが落下した所からさらに2時間。道なき道を進み、艱難辛苦を乗り越えて辿り着いた目的のポイント。ここがまた凄い場所だ。もう斜面の域は完全に超えている。これは崖だ。こんな場所に来る人間がいるなどとは思えないが、それがいるのだ。実際に私も来ているし。崖の一部の階段状になっている所に一本のミズナラの古木が生えている。その下はもうまっさかさまに谷だ。落ちないように木の下に回り込んでみると今度こそ申し分のない大きさの天然マイタケだ！

「おおっ、これは凄い！」

ほぼ垂直の斜面をいとも簡単に上る弘二さん。こうしてカメラ捜索にも行ってくれた

倒木の下を潜りながらの藪こぎ。貴重なマイタケを探す道のりは艱難辛苦という表現がぴったりだ

ついに天然マイタケと対面。その
大きさはまさに王者の風格

こう叫び、今にも踊りださんばかりの私を弘二さんが制止する。

「しぃー。どこに人がいるかわかられえからな」

確かに、近くに人がいたら見つかってしまう。ただ、こんな崖に人がいるとも思えないが。

発見したマイタケは、3つの株に分かれてミズナラの巨木の根元にみっしりとおりていた。文句のつけようのない正真正銘の天然マイタケである。念願の大きなマイタケに会えてうれしい。まずは写真を撮り、続けて採取にかかる。弘二さんがナガサを使って丁寧に根元から切り取っていく。キノコの扱いは優しくしなければならない。決して乱暴にひっぺがしてぎゅうぎゅうと押し込んではダメなのだ。ただし例外もある。ブナカノカやスギカノカであればぎゅうぎゅうとリュックに押し込んでも構わない。カノカの類は水分を多く含んだ硬めのスポンジのようなキノコでありこれもかなりの美味だ。

マイタケを採り終えて昼食を取る。いつものマタギ圧縮おにぎりと缶コーヒーでひと息つく。本当に採れてよかった。私が喜びに浸っていると弘二さんが言った。

「この場所は他人に採られたことは、ね（ない）。それにちゃんと確かめといたからな」

えっ？　確かめた？

「んだ。せっかく来たのにはあ、なんもなかったら可哀想だべ。昨日ここさ来て見といただ」

そう言うと、マタギはうまそうにプカリと煙草を吸った。昨日もここまで見に来てくれていたとは、まさに鬼神である。マタギ、確かに鬼も恐れ入るはずだ。

マタギが山に入る理由

帰路、弘二さんに何歳から山に入るようになったのか尋ねる。

「そうだな、小学校の3～4年頃かな。なんで？　ヤマブドウとか採りにだな」

つまり甘みを求めて山に入ったのが最初の目的である。このようなきっかけがあるということが大事なのだ。若い人がマタギの世界に入ってこない大きな原因のひとつは食生活の変化によるところが大きい。狩猟の世界は危険で厳しいものだ。加えてお金もかかる。金銭的投資と肉体的精神的疲労に見合うだけの価値を獲物に見出せるのか。敬遠したくなる条件が多いのに老マタギたちは喜々として山に入る。これは原体験の違いがなせる業だ。昔は甘い物は滅多に手に入らなかったが山にはそれがあった。ある程度の年齢になると阿仁の少年たちはコンビニに買い物に行くように自然と山に入ったのだ。山は教室でもある。そこで友だちや兄弟からいつ頃ならどのような食べ物があり、どうなったら食べ頃であるかを学び、そして自分もまた後輩たちに伝えた。当然、授業内容は食べ物のことだけではない。山の危険や遊び方についても教わっただろう。もちろん最大の目的は食べ物である。

自分の力で山に入り、自分の能力で手に入れる。この喜びを子どもの頃から体に染み込ませていること。これがマタギになれるかどうかの境目となるのではないか。

山に入ることは間違いなくマタギにとってアイデンティティの重要な部分を占めている。獲れた獲物がキロいくらで売れるから儲かる、だから山に入ると考えるようではダメなのだ。弘二さんは採れたマイタケを売る訳ではなく、親戚や仲間に分ける。売れば結構なお金になるらしいがそうはしない。

「ばかくさい」

弘二さんはきっぱりと言う。金を拝むことを喜びとはせず、自然のなかから深い喜びを得る暮らし。そしてそれを共有できる人たちとのつながりを宝とする素晴らしい生き方だ。このような考え方は現代社会からはほとんど消えていきつつある。

例の如く、へとへとで山を下りる。両足の筋肉はふくらはぎも太ももも痙攣しまくっている。限界ぎりぎりで何とか里に下りて来た。首からかけたカメラの重みで、首も肩も岩のように固まっている。おかげて酷い頭痛がしていつもながらに半死半生の態である。

ひと息ついてマイタケを取り出す。10キロちょっとのマイタケは芳醇な香りに包まれていた。採れたての天然物にしかない独特の香り。これもまた山の神からの貴重な贈り物である。私は山に向かい頭を垂れる。無事に感謝、うまきマイタケに感謝、何よりも心地よさに感謝である。

マタギはひとりで見つけたマイタケもマタギ勘定で分配する。
マイタケの香りは何となくスパイシーだ

西根師匠の遺したもの

突然の訃報

ある夏の朝、阿仁から訃報が届いた。

「昨日、父が亡くなりました」

西根師匠の長男弘樹さんからである。私はどう反応したらいいのか頭も体も戸惑うばかりであった。2週間ほど前、体調を崩しているらしいというので連絡を取ったばかりである。お見舞いに行こうと思っていた矢先の訃報であった。

頑健そのものの師匠がなぜ死ななければならなかったのか、ひと言触れないわけにはいかない。入院されていると聞いて連絡を入れた時は秋田市から地元の病院に転院をしたあとだった。一時期の状態からかなり持ち直し落ち着いてきたということだったので安心する半面、そんなに重症だったのかと驚いた。目の調子が悪いというのは西根師匠自身から前に聞いたことがあったが、その検査が引き金になるとは。検査のための造影剤によるアナフィラキシーショックが原因らしい。私にはまったくの事故に思えてしまう。まさに不慮の死である。悔しいかぎりだ。

師匠と最初に山に入ったのは随分前のことだ。それから何度一緒に山を歩いたか。山に入るたびにいつも新しい発見と喜びを見つけることができたのは、本当に師匠のおかげだ。マタギとしての師匠も素晴らしかったが、鍛冶屋の西根稔（師匠の本名、3代目正剛（まさたけ）は号）も魅力的だった。

私は父親が職人だったこともあって職人の仕事振りを見るのが好きだ。だから阿仁を訪れた時は必ず師匠の仕事場を覗かせてもらいビデオにもその仕事振りを撮らせてもらった。やはり鍛冶屋は音が入らないとつまらないからだ。

師匠が作る刃物のなかでも独創的だったのはマタギの山刀ナガサである。特に柄の部分が独特の形状をしている袋ナガサを作り上げる過程は素晴らしい。柄の部分を叩きながら袋状に形成していく様は一流の手業であり見ていて気持ちがよかった。思えば西根師匠との付き合いはこの鍛冶場から始まった。一緒に山に入るようになるのは出会いからしばらくあとのことなのである。職人としての師匠は厳しい人である。しかし、仕事中に話かけ

初めて行ったとき
は、鍛冶場で西根
師匠の仕事を取材
させてもらった

北慶

るのをためらわれるような感じではない。他人ではなく自分に厳しいのだ。確かな技術を持った職人というのは概してこういうもので、人当たりのいい人が多い。

鍛冶屋3代目、西根正剛

鍛冶屋としての西根師匠の人生は決して平坦なものではなかったようだ。ここでは3代目正剛の生い立ちについて述べる。

昭和15年、6人兄弟の長男に生まれた西根師匠は、幼い時から鍛冶屋の跡取りになることが半ば決められていた。それは祖父、父の願いでもあった。その頃には何人かの内弟子もいて、最も鍛冶場がにぎやかな時期だ。この時分の話は師匠のふたつ違いの弟である功さんに話を聞いている。

中学に入ると稔少年は本格的に鍛冶場に出入りするようになる。3年の頃には立派に槌打ちができるようになっていた。当時、成績が良かった稔少年の夢は新聞記者になること。しかし同時に家や家業を守るのは長男の役目だと感じる責任感の強い少年であった。父や祖父の意向に逆らうことなく進学は断念する。ふたりの姉が先に進学していただけにこれはかなりのショックだったに違いない。朝、友だちは高校へ通うためにバスに乗る。その同じバスに鍛冶屋の身なりで背負子を背負って稔少年は乗り込まねばならなかった。どれほど悔しくつらい思いだったことか。

「本当にかわいそうだったよ」

功さんの言葉には今更ながら身につまされる。少年が立派な跡継ぎになったことを見届けると安心したように祖父は亡くなった。西根師匠は自身の跡継ぎについてはあまり頓着していなかった。ふたりの息子さんに跡を継がせるつもりはないと早くから言っている。弟子入りすれば、親子ではなく師匠と弟子の関係になる。そのつらさを子どもたちには味わわせたくなかったのだろう。

袋ナガサ誕生秘話

鍛冶屋西根正剛の名とともにあるのが袋ナガサだ。この袋ナガサは決して一朝一夕でできあがったものではない。今思うと恥ずかしいことだが私はこのあたりの事情についてあまりに無知であった。今回改めて話を聞いて驚いたことが幾つかある。まず袋ナガサは3代目西根正剛のほぼオリジナルであると言えること。以前から似たようなものがありその復刻または改良版になるのかと思っていたがそうではないらしい。ナガサというのは山刀の総称であり、これは以前からマタギたちに使われている。それまでのナガサの柄は木製だ。袋ナガサは柄の部分を鉄にしたもの、という単純なものではない。袋ナガサ誕生の経

主人を失った寂しい鍛冶場。ベルトハンマーが唸りをあげることはもう二度とない

火と音が交錯する鍛冶屋の仕事は見ていて飽きない。私が大好きな場所だ

鍛えに鍛えて鉄は刃物へと姿を変えていく。マタギの大切な道具であるナガサへと変化する様は圧巻だ

袋ナガサの柄をつくる作業は極めて面白い。動画をネットにあげているのでぜひ検索をして確認をしてほしい

上から四寸五分、七寸、八寸。ナガサの基本形である。
飾り気はまったくない質実剛健の刃物だ

マタギが山で生き抜くためにナガサは絶対に必要なもの。ときには命を預ける場合もある。普通では考えられないようなハードな使用に耐え得るのは、師匠の熟練の技がナガサに注ぎ込まれているからだ

西根師匠が生み出した袋ナガサは、袋状の丸い柄が特徴。ひと目惚れしてその場で購入した。今では山に行くときのお守り代わり

仲のよかった西根師匠ご夫婦。鍛冶場の前でふたりを
撮影した写真はこのカットしかない

スコップ漁〝ジャガク〟を共に行った斎藤伸一さんは、
師匠の幼馴染みで親友でもある

緯は功さんがよく覚えていて教えてくれた。

「最初はさ、両刃の剣みたいなもんだったのさ。『バイキング』っていう映画を見て考えついたんだ。そのなかに出てくるバイキングの剣と槍を一緒にしたようなものだ」

いや驚きだ。最初は両刃だったとは。もちろん、これはまずかろうということでほどなく今の形状になる。しかし常に改良を加え続けた袋ナガサに同じものはない。グリップの形にしてもそうである。初期型は丸い形だったが円柱状よりも楕円形のほうが力が入ると変更された。グリップエンドのほうが広がるようになったのもあとのことだ。

「どうだ、功。このほうが力が入るべ」

兄から改良点について説明を受ける功さんは鍛冶屋として兄に尊敬の念を抱いた。

「兄貴は自分でも言ってたけど、器用ではないから本当に努力したと思う」

これは師匠の奥さんである誠子さんからも聞いた。手先が器用ではない、鍛冶屋になりたくなかったひとりの男が血と汗をにじませて作り上げたのがマタギ山刀袋ナガサなのだ。現在、マタギ袋ナガサは師匠の親戚である人のみが作ることを許されている。多くの類似品が出回っているがはっきり言ってすべてまがいものである。袋ナガサの形にはれっきとした訳がある。マタギが実際に山で使い改良を重ねて今の形になった。功さんは次のように言う。

「袋ナガサは永久に完成しないものじゃないのかな。きっと兄貴もそう思ってんじゃない」

刃の形、角度、厚み、鋼材、グリップの太さ、そして大事なバランス。どれをとっても適当に作られたものではない。この刃物が売れるから形だけ似せてもまがいもの以外の何物でもない。そのような適当な刃物を作ることは残されたご家族にとって悲しみであり、正剛にとっても侮辱である。法的になんら問題がないから、金になるからというだけで自分自身の職人としての誇りを投げ捨ててしまうつもりなのか。よく考えてもらいたい。袋ナガサは真のナガサの使い手にしか作れない。それはマタギである鍛冶屋西根正剛以外にはいなかったのだ。

マタギとしての西根稔

西根師匠がマタギの道に足を踏み入れるきっかけとなったのは祖父の影響だ。これは西根師匠もよく言っていた。

「まご爺さんという人がほんに山が好きであったために山さ入るようになったんだ」

このまご爺さんというのは師匠の祖父のことだ。比立内の〝旅館〟こと14代目松橋時幸さんも山の手ほどきは祖父からだった。単なる偶然かといえばそうではない。これにはれっきとした訳がある。子どもが小さい時分というのは、父親は現役として仕事に一番忙しい時期なのだ。当然半リタイア状態のお爺さんが孫にいろいろなことを教える先生役になる。考えてみればしごく当たり前だ。またこの西根師匠のまご爺さんが凄い人で鉄砲も自分でこしらえていたというから驚きだ。そんな山好きで銃好きのお爺さんの影響で西根師匠はマタギへの道を歩む。反対に西根師匠のお父さんはまったく銃はやらなかったらしいし西根師匠の子どもたちも銃はやらない。どうやら隔世での伝承である。順当にいけば、孫の大樹くんが西根師匠から山の手ほどきを受けるはずだった。

鍛冶屋としても大変な努力家であったようにマタギとしての西根師匠も努力家であり、また研究家でもあった。マタギについて語るときの西根師匠は学者のようで本当にマタギが好きでたまらないというのが伝わってくる。特にマタギのルーツに関して話すときの西根師匠の目はキラキラと輝きを増した。山が好きで猟が好きで何よりマタギであることに誇りをもっている。頭のてっぺんから足の先までマタギがギッシリと詰まっている、それが西根師匠だ。

西根師匠との思い出は何も山のなかばかりではない。西根師匠とは幼馴染みであり猟仲間でもある〝舟場〟こと斎藤さんの両夫婦がそろって旅行で東京に来られた時のことだ。帰りに寝台列車の待ち時間を利用して浅草方面を一緒に巡った。

「いやあ、東京の人たちはあんな所（街中）をよくさっさと歩くもんだよな。おら、あんな速く歩けねって」

山のなかを鬼神の如く歩くマタギも、都心では勝手が違うということか。そこで私は言った。

「じゃあ長靴で歩いたらどうですか」

「スパイクで街中をガッガッて歩くか？」

一同大笑いになった。しかし、実際の西根師匠は街中でも歩くのが速いのである。

「革靴でも速いじゃないですか」

奥さんの誠子さんに耳打ちすると、返事はこうだった。

「マタギさんだからな」

浅草の雑踏のなかをびゅんびゅん歩く西根師匠の後ろ姿が目に焼き付いている。

マタギの未来、鍛冶屋の未来

西根師匠の死は優秀な鍛冶屋とマタギを同時に失ったことを意味する。どちらも後継者はいない。以前にも述べたがマタギの世界は肉体的にも精神的にもつらいものだ。そのつらさよりも山に入る喜びのほうが遥かに勝っていないと、とてもマタギにはなれない。その原体験をもたない人が圧倒的に多い現状ではマタギの数が減る一方なのはしょうがないことだ。

鍛冶屋もまた似たような状況といえる。職人として生き残るにはどうしても何らかの付加価値を製品に与えねばならない。そうしなければ安価な輸入品に押されてしまう。しかし袋ナガサのような個性は簡単に作り出せるものではない。

マタギ西根稔、鍛冶屋西根正剛は決してひとりで存在し得た訳ではない。ご家族、特に奥さんの誠子さんの力が欠かすことのできないものであった。回数を覚えていないくらいご自宅にお邪魔させて頂いたが、いつも誠子さんの手料理に歓待され、図々しくも寝床まで準備してもらった。申し訳ないと思いつついつも甘えさせてもらっていた。私以外にも多くの人がお世話になっただろう。

「父さんが連れて来る人だから、きちんともてなさねばと思ってな」

伴侶に対する強い信頼を感じる。また、西根師匠も言っていた。

「誠子は本当に料理が上手でな」

だから客の対応を安心して任せられる。西根師匠も誠子さんのことを信頼していた。誠子さんの言葉からも家族の絆の強さが伺える。

「本当に存在感のある大きな人だったなあって。今度生まれ変わってもおんなじ家族になりたいって子どもたちと話してたの」

マタギ西根稔そして鍛冶屋西根正剛、あなたに会えて幸せでした。ご冥福をお祈りいたします。

マタギとともに熊狩りへ

ついに熊狩りに行ける！

もう何年阿仁に通っているのだろう。ウサギを追い、マイタケを探し、マタギとともに山を駆け巡ってきた。しかし、実は一度も熊の姿を見たことがない。熊牧場では何度も見ているが山にいる野生の熊には会ったことがないのだ。マタギと熊は絶対に切り離せない存在。ここはいかに軟弱な私でも力を振り絞ろう。そしてマタギと熊を追おう。そう決めてから数年がたち、やたら暑い夏が過ぎて秋となる。阿仁の秋は駆け足だ。燃えるような紅葉が散って11月に入るといつ初雪が降ってもおかしくない。鉛色の空がだんだんと低くなり始める頃が猟期の始まりである。11月15日、西根師匠の弟の弘二さんに山の様子を聞いてみた。

「今年は最高だぁ。ブナが豊作で熊の数も多いべ」

それはいいことを伺った。きっと熊猟もできるはずだ。しかし、猟についていける体力の自信がやはりない。マタギの邪魔もしたくない。そんな弱気から熊猟に連れていってほしいと言い出せずにいた。そこで、以前から興味のあったヤマドリのことを聞いてみた。ヤマドリ猟も見てみたいと思っていたし、それなら体力的にも保ちそうな気がする。

「あの、この間ローストが絶品と聞いたヤマドリですけど……」

「ヤマドリ？　あれやるには犬がいなけりゃだめだあ」

ヤマドリは普通に歩いていてもバタバタと飛び出すほどに多い。しかしそれを撃ち落としても藪の中から回収するために犬が必要とのこと。そして現在、弘二さんの家には犬がいない。

「ヤマドリじゃなくて熊さ行かねか？　邪魔？　なんも邪魔なんてもんでもねえ。気にすんな。来ればいいべしゃ」

弘二さんから誘ってくれた。感謝である。

「今週いっぱい休みとったからな。今日から山さ入ってるだども。今なら最高だ。雪が降ったべ、それで熊の動きがよくわかるんだ。今日見てきた山は4～5頭入ってるな」

2日後、東北道を北へ向かう。今回は途中から秋田道を北上し五城目から上小阿仁を越

マタギにはジムニーがよく似合う。狭い林道を
駆け抜けるにはこのフットワークが欠かせない

弘二さん（左）と土田さん。ふたりのマタギで
熊を狙う。彼方の斜面を見て作戦を立てる

えて阿仁に入るコースをとった。仙岩峠や大覚野（だいがくの）峠を越えるのは夏用タイヤでは不安が大きいからだ。冬の初め、東北地方の天候は時としてかなり荒れる。数日前までこのまま根雪になるのではないかというほどに山間部では雪が降ったのである。

何とか明るいうちに無事阿仁に到着し西根師匠の仏前で手を合わせる。そういえば師匠に猟に連れて行ってもらった時、連戦だった師匠はかなり足を痛そうにされていたことがあった。本当は休みたかったのかもしれない。それでも私を山に連れていってくれた。今も師匠には深く感謝している。

獲物は遠くて見えない黒い点

弘二さんの家に前泊させてもらい今回の猟場である比立内川の最上流部を目指す。郡境の尾根沿いに走る林道は数日前まで工事中で通行止めだったらしく、所々に拡幅の跡がある。ジムニーでゆっくりと周りを見ながら登っていく。頂上部に近づくにつれ、気温は下がり雪が道を覆ってくる。彼方に見える景色も寒々としていて本格的な冬の到来も近い。頂上部で古くからの猟仲間である土田さんと落ち合う。久々に会った土田さんは少し痩せた気がする。

「おっ、うれしいな。そう見える？　7キロくらい痩せたかな。これも熊のためだべ

鉛色の空は冬の到来を告げる。厳しい冬がもうそこまで来ているのだ。斜面を下りると名もなき沢が流れていた。最上流部に位置する清流は汚れを知らない

熊の居場所に近づき最後の打ち合わせをする。ここから先はすべて各自で判断しなければならない

ブナ栗とその中身。熊は器用にこの実を剥いて食べるという

熊の寝床の〝熊棚″。器用にツルを編み合わせて樹上に作る。かなり頑丈である

しゃ」

山に入るためにコンディションを整えてくるとは流石である。そういえば弘二さんも5年ほど膝の調子が悪くて本格的な熊猟には入っていないという。体調不十分で山に入ることは禁物なのだ。寝不足、腰痛、虚弱体質の私なぞが熊猟に行くなど中高年の神風登山より無謀かもしれない。落ち合ったふたりのマタギは双眼鏡を手に稜線上にある林道から反対側の山を静かに見つめる。かなり距離がある。あちらに行くのか？　そこまで行って戻ってくる体力には自信がない。

風はないがかなり冷え込んでいて体が小刻みに震える。しかしマタギたちは軽装で平気な顔で立っている。

「あれ、熊でねか？」

「どさ？」

熊の姿が見える？　遠く離れた反対側の山の斜面に見えるなんて信じられない。

「ほら、あそこさ、杉の木があるべ。そこの左上さ黒いものが見えるべ？」

杉の木はわかるがそこには黒いものは見えない。8倍の双眼鏡を覗いてもやっぱりわからない。せめて動いてくれれば確認できるかもしれないのだが。マタギたちによるとどうやら熊は斜面に座ってブナの実を食べているらしい。私がまったく確信をもてないうちにマタギたちはすぐに猟の打ち合わせに入った。

忍び猟は抜き足、差し足

熊の猟には大きく分けて2種類ある。猟期に行われるのが秋熊猟で、冬眠あけの熊を狙うのが春熊猟（出熊猟とも言う）だ。正確には春熊猟は狩猟期間外なので有害駆除の名目で行われる。いかにもマタギの集団猟といった感じなのは春熊猟で、前述しているが春が来るとマタギたちはいてもたってもいられなくなる。春熊猟は主に各猟友会単位で行われ阿仁では多いと20人以上のマタギが参加する。秋熊は個人の猟なので、今回のようにたったふたりのマタギで山に入ることもあるしひとりで熊に挑むマタギさえいるのだ。今回のような猟は俗に〝忍び〟と呼ばれている。まさに忍びの者の如く抜き足、差し足で熊を仕留める猟である。

ふたりのマタギは、入念な打ち合わせが済むと身支度を調えて斜面を下りていく。私もふたりのあとから暗い杉林を縫うようにして下りる。結構な急斜面で音を立てないようにして歩くのは神経を使う。下笹をがさつかせたり滑って転んだりしたらアウトだ。マタギは時々立ち止まり、木々の間から周りの景色を見て進むべきルートを決める。私は自分がどこにいるのか今来た道（道はないが）がどこなのかがまったくわからない。しかしマタギにははっきりと見えているのである。

斜面を下りると沢が流れていた。比立内川の支流のそのまた支流くらいだろうか。極めて美しい流れだ。本当にここの水は美しい。日本最後の清流といわれる川は各地にあるが宣伝されるように阿仁の川よりも美しい流れなのだろうか。同程度ではあってもここを超える川はないだろう。これ以上水は綺麗になりようがないと思う。そんな沢伝いにしばらく下ると、熊の棲み処が近づいてきた。このあたりにも雪が残っているので足を進めるのは苦労する。慎重に足を下ろしてもザクザクと音がするからだ。まだ表面が溶けているからましなほうで凍っているとバリバリと鳴り響き熊に気づかれてしまう。足跡を確認するには便利であるが〝忍び〟にはやっかいな雪である。

さらに熊の棲み処に近づいたところでマタギは顔を近づけて声を落としひそひそと話す。いよいよふた手に分かれて熊に挑むのだ。私はブッパにまわる土田さんと行動をともにする。

熊は間近である。より慎重な足運びが必要だ。ブッパの後ろからそっと静かにがさつかせず息も殺してついていく。初めてウサギ狩りにいった時、ガサガサと音を立てる素材のウインドブレーカーを着ていて西根師匠に「ウサギ逃げるぞ」と言われたな。そんなことを思い出しながら斜面を上った。

この辺りからはカメラを出すのもためらわれる。シャッター音で熊が逃げたら目も当てられない。しかし自分が今いる場所はどこなのだろう。車のある林道から見た熊地点の真下辺りなのか、それともまだ離れているのか、皆目見当がつかない。林道はかなり上であり熊地点を見下ろすかたちになっていたが。

マタギたちはかなり上からその姿を確認していたのである。しかし、一旦谷に下りれば視界はまったくの別のものになるのだ。上を見上げても木に遮られて山の形さえわからない。上からはっきりと見えた木もどれか定かではないのだ。例えれば、船の上から見る海と水中から見る海ではかなり違うということか。

ブッパは何度も周囲を見回して自分の位置を確認しているようだ。そして慎重に歩を進める。さらなる急斜面を上り、平坦地で足が止まった。小さな谷を挟んで向かいの山の裏に熊はいるようだ。それを勢子にまわった弘二さんが追っているのだろうか。しかし、山に比べれば熊も人間も非常に小さな存在だ。今、山のなかをひとつの小さな点（弘二さん）がもうひとつの黒い点（熊）を追っている。そしてじっと待っている小さな点（土田さん）に黒い点（熊）を追い込んでいるのだ。こんなことが成功するとは信じられない。

倒木に腰を下ろして何かを考えるブッパ。私は邪魔にならないように4メートルほど離れて同じく腰を下ろしている。この先、場合によっては数時間待ちに入る。ブッパは近くの尾根を盛んに見上げている。尾根筋に出るべきか考えているようだ。確かにそのほうが視界は開ける。しかしそれは同時に熊の視界にも入ることになるのだ。何かを確認するためにブッパはトランシーバーを慎重にクリックした。そして勢子が意外に近くまで来ていることを知った。ここで待つしかない。一切、動けない状態である。ブッパは一段と神経を集中して前の山を見る。このときブッパには熊の姿が浮かんでいるのである。数カ所の熊道を想定し、その中でも一番撃ちにくい場所に最も意識を向けている。そしてじっと時を待つのだ。

一方、猟をしないカメラマンは特にすることもなくぼーっと前を向いているだけである。ここで熊が獲れたら持って帰るのは大変だろうとか、今くしゃみをしたら洒落にならないよな、などと考えているとちらりと動くものが視界の端に入った。そちらを見ると谷の上流部にある滝の上に黒い影がある。そして、それがひょいと伸びて熊の姿になった。

私はブッパを見たが、ブッパは熊に気づいていない。想定範囲外からの出現だったのだ。困った。

「熊だあああ!」と叫べば熊に気づかれてお終いである。距離を取っているので小声ではブッパに聞こえない。しかし、ブッパへ知らせなければ熊が逃げてしまう。私は必死に〝くま、くま〟と口だけ動かし、手で熊のいる方向を示してブッパに何とか知らせようとした。その必死さだけはブッパへ伝わったようだ。

「何だ? 何? わかんねえから、こっちさこ、こっちさこって」

そこで急ぎつつも静かに近づいた。

「熊!」

「えっ、どさ？」

ブッパは私が指さすほうに向いて熊の姿を確認するやいなや発砲。見事な早業だ。銃声が山々にこだますると熊の姿はふっと消えた。落ちたのか？　それとも滝の上流部に逃げたのかわからない。体を乗り出して滝の下に目をやると、小さな黒い点が見える。しかし、かなり小さいので岩なのか熊なのかすぐには判別が不可能である。よく目を凝らして見ると黒い点の質感が周りと違うようだ。黒いのを覆っているのは毛皮である。滝に落ちているのは間違いなく熊だ！

突然マタギが大声を上げる。

「ショウブ、ショウブー」

熊を仕留めた者が叫ぶマタギ特有のかけ声だ。急斜面を熊目指してマタギが走る。私もうれしくてそのあとを追いながら同じように叫んでいた。しかし、下手するとこっちまで滝壺へ真っ逆さまなのでマタギほどのスピードは出せない。滝の手前から沢に下りてざぶざぶと登っていくと、はっきり熊の姿が確認できた。ただ、大きさは近づいてもよくわからない。小さいような気もする。丸まった体は半分滝壺に沈んでいた。

「ああ、獲れたな」

土田さんとふたりで熊を見ていると勢子をした弘二さんも急斜面を下りてきた。

「やったな。大きいべしゃ、大物だ」

小さな滝壺に落ちた大熊。流れる水はとても冷たかった

大熊を運ぶ。足場の悪い沢の中を進んでいく

マタギたちが滝壺から熊を引っ張り出すと丸まっていた体が伸びた。

「おおっ、これは大きいな。はあ、滅多に獲れねえぞ」

山の神は大物を恵んでくれたのだ。

大物を運ぶ苦労と喜び

猟場に向かう急斜面やブッパの後ろで待つ間、大物を持って山を歩くのは大変だろうなあと考えていたが実感はわかなかった。しかし、今は目の前に大きな熊が現実にひっくり返っている。これを運ばねばならない。軽く100キロは超えているであろうその巨体をまず滝壺から引き上げる。さらに沢を転がしたり落としたりしながら熊を動かす。これが大変で休み休みで小一時間の作業である。何といっても熊が持ちにくいのだ。持ち手となる部分がほとんどなく、かろうじて持てるのは前後の足だけだ、そこも丸っこくて持ちにくい。小物であればおぶるようにして担ぎ上げることも可能だが100キロを超える大きさではそれも難しい。

このまま車の止めてある稜線まで熊を引き上げることなど到底不可能だ。こういう場合は現場で解体するしか方法はない。マタギたちは今、解体に適した場所まで熊を下ろそうとしているのである。

の枝を乗せ、それから呪文を唱える

山のなかでの〝けぼかい〟が始まった。最初に熊の腹の上に一本

風はないが気温は低い。そんななか、皮を剥ぐために
熊に切り込みを入れる

丁寧に皮を剝いでいく。冬眠前の熊はたっぷりと脂肪を蓄えている。冷たい空気のなかでの作業は決して楽ではないが、ふたりのマタギは手際よく作業を進める

ベテランふたりのマタギによる作業で、さしもの大熊もどんどん解体され肉となっていく

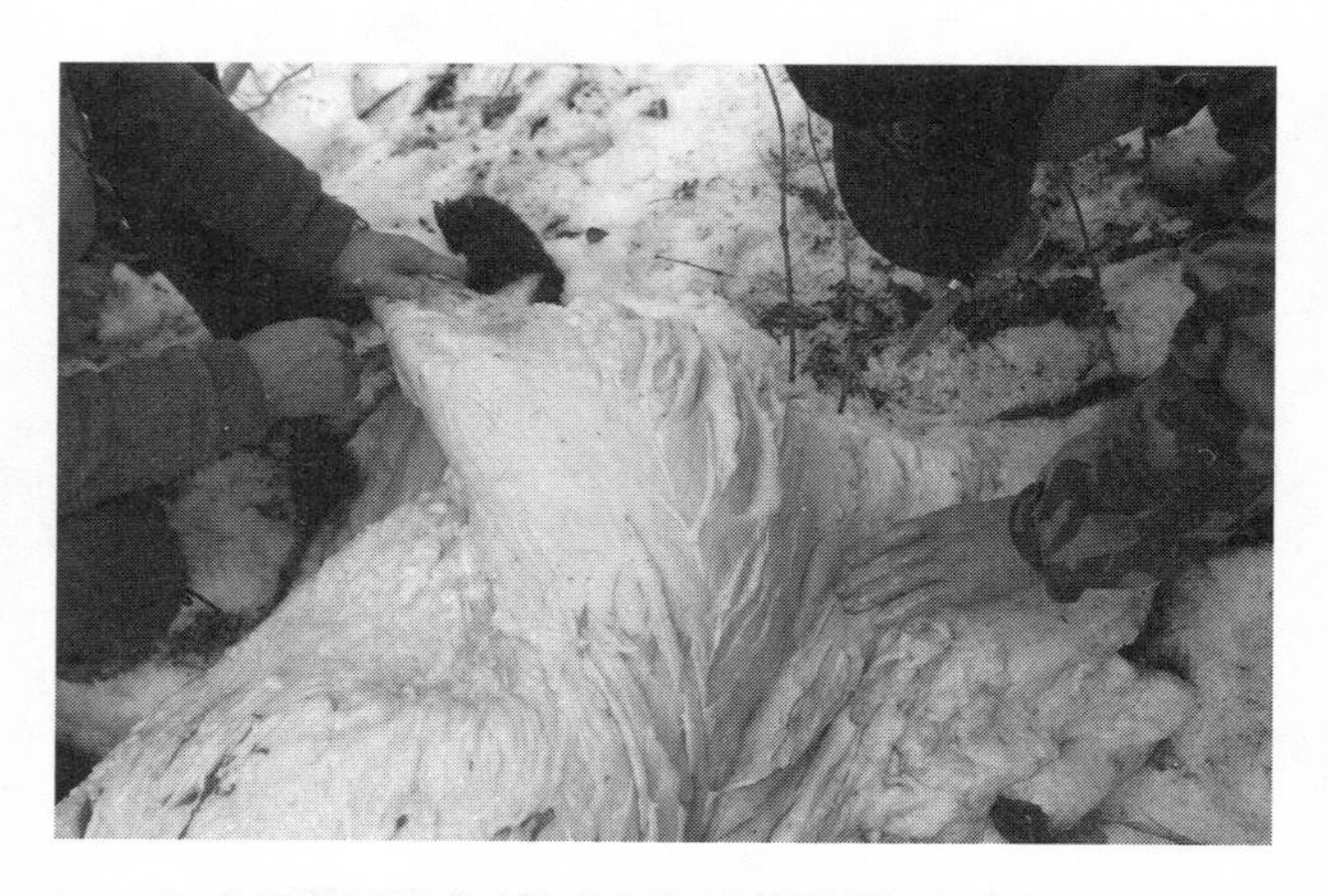

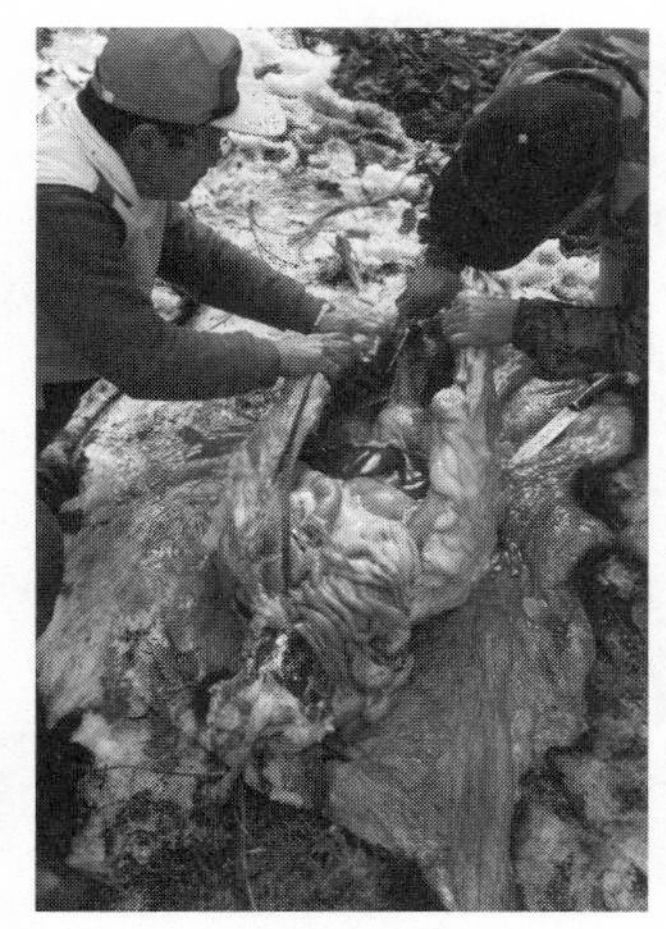

白い雪の舞台は熊の魂を送るのにふさわしい場所になった。山の神々が見守るなかで丁寧に処理された熊はこの後、多くの人の命につながっていくのである

解体した熊をリュックに詰めて山を歩く。大物だけに
重量もかなりのものだがマタギは根性がある

最初に運び上げた熊肉。これだけで60キロ近くある。
このあと、さらに第2弾が続いた

熊が落ちた滝壺から200メートルほど下がった所におあつらえの空間があった。そこは沢から2メートルほど上った平らな所でまるであつらえたステージのようだ。おまけにうっすらと積もった雪が白いシーツさながらに敷き詰められている。このステージに熊を苦労して乗せる。そして熊の頭を北に向けおなかの上に一本枝を置いて呪文を唱える。

「あぶらうんけんそわか」

こうして熊の魂を鎮め、山の神に感謝する〝けぼかい〟の儀式が始まった。熊に引導を渡すと早速解体に取り掛かる。室内でのけぼかいは見ていたが山中では初めてである。大自然のなか、ふたりのマタギが熊を丁寧に解体する光景はチベットの鳥葬のようでけぼかいとは神聖な儀式なのだと感じた。人の肉体が鳥に食われて空を舞い上がるように、熊の肉体も人に食われて生き続ける。食物連鎖のなかに間違いなく人間も組み込まれている、私はこの場でそう感じる貴重な体験をしているのだ。

2時間近くかかり、熊は枝肉、ロース、バラ、内臓、脂肪、骨、皮、へと分けられた。この一連の作業の手際のよさは以前にも詳しく述べたので割愛するが、プロの手並みである。

綺麗に分割された熊をリュックに詰めて運ぶ。しかし一度では到底無理な大きさ。あとで測ってわかったことだが、実は130キロ近い大物の熊だったのだ。リュックの重さは30キロを軽く超えていた。腰痛がかなり深刻な私は、リュックに触っただけでギブアップ。

代わりに私はマタギの荷物を持って林道まで上がることにした。

足場の悪い道なき道をゆっくりと進む。いやゆっくりとしか進めない。しばらく沢筋を歩いたあと、ひと休みした。何だかアンデスの岩塩売りにでもなった気分だ。休憩後は斜面を登り始める。どこに車が止めてあるかはマタギにもはっきりとはわからないらしい。熊のいる場所を探したときと同様、歩きながらルート設定しているのである。解体現場から2時間、やっとのことで車が止まる場所に戻ってきた。

マタギは根性だ

車に辿り着いた時、私はへとへとの状態。帰路の途中から太ももの筋肉は痙攣して痛みは限界に達していた。合計60キロの肉塊を車に積み込むと私はひと足先に下山した。その後、マタギたちはもう一度谷へ下りて残りの熊を引き上げたのである。2度目はもっと重かったそうだ。土田さん63歳、弘二さん58歳、これぞマタギの中のマタギである。

比立内で旅館を営むマタギの松橋時幸さんに「猟は根性だ」と言われたことは以前にも記述したが、本当にそのとおりだとこの猟で実感した。仕留めた獲物は谷底に転げ落ちようが絶対に回収しなければならない。今回の猟では熊を仕留めたのが午前10時2分。かなり早い時間であったにもかかわらず、マタギたちが家に戻ったのは午後6時半。仮に午後

3時に撃っていれば帰りは夜中である。車と林道という現代の猟で欠かせないアイテムがそろっていてもこうなのだ。家から歩くしかなかったその昔は、当然のごとく山で幾日も野営する必要があった。寒さが厳しい暗闇の中でマタギは何を見たのだろうか。

山は多くの恵みをもたらしてくれたが、マタギの命も簡単に奪い去られる。生きるために山に入り、死と向かい合った時にマタギは神を感じたのだろうか。私が思うにマタギの精神世界の根本は死である。生きるための死である。

マタギの技術の内で忍びは一級品だ。これができる人は数少なくなっている。初めて阿仁を訪れた時に聞いた西根師匠の言葉がずっと耳についていた。

「あと、20年もすれば熊獲れる人がいなくなるべしゃ」

これは忍びのことだったと今回改めてわかった。どこかのりんご園に熊がいるからと連絡をもらって仕留めることはできる。春の有害駆除で大人数の巻狩りをすれば熊は獲れる。しかし、忍びは遥かに難しいマタギの最高の技術なのだ。それゆえに獲れた時の喜びは大きい。弘二さんが若かりし頃、一度の猟で3頭の熊を獲ったことがある。その時の写真が飾ってあるが、良型の3頭の熊を前に4人のマタギが凛々しい顔で写っていた。

「はあ、あの時は7日7晩のお祝いだったもんなあ。集落のみんながやって来て熊ぜーんぶ、なぐなったもんだ」

弘二さんの家のひいばあちゃんが今でもうれしそうに話してくれる。マタギが山から持ち帰る恵みは集落全体の喜びにもつながっていたのである。厳しくつらい猟の向こう側に生きる楽しさ、うれしさ、喜びがあったからこそマタギでいられたのである。マタギは、その昔は専業の猟師だった時期もある。もちろん今ではそのようなマタギはいない。しかし単なる遊びで動物を狩っているのではない。山の神様から恵みを頂く手段が狩猟であり自分の存在価値を見出す居場所が山なのだ。

時代の流れは加速度的に速くなる。阿仁でもそれは変わらない。子どもの時から山に馴染んでいない今の若い人はマタギの世界に入ってこない。肉体的、精神的に非常につらい思いをする必要性を感じないのであり、またそのつらさの向こうに喜びを見い出すこともできなくなっている。

「マタギはもういいね」と言われながらも細々と残っていたものが、今消えようとしている。

翌朝、熊は納屋でさらに細かく解体されていく。初冬の日の下で作業が黙々と続けられる。手作業で動物を解体する現場を見る機会は、現代社会ではほとんどない。ましてや熊の解体現場に立ち会えるのは非常にまれなことだ。最近では、マタギの集落でさえそれを見たことのない人は確実に増えている。丁寧に切り分けた熊肉はマタギ勘定で分けられる。これが仲間をつなげていく材料にもなるのだ

マタギとは何者か

マタギの語源、ルーツは諸説あり

マタギはなぜ〝マタギ〟というのか。これについては諸説入り乱れており半ば言った者勝ちの状況のようだ。理由としては決定的な裏付けが何処にも存在しないからである。

いくつかの説を紹介すると山を跨いで歩けるくらいの健脚である所からきたという説、〝叉鬼〟と書いて鬼のように歩き鬼でも恐れ入るという意味だという説などである。マタギ＝修験者説というのもある。これはマタギが熊を解体する時や山で不安を感じた時など、さまざまな場面で唱える呪文〝あぶらうんけんそわか〟が根拠のひとつとなっている。この呪文は密教系の山伏が唱える文言で正確には〝アビラウンケンソワカ〟（唵阿毘羅吽欠）

熊を追うマタギの姿はこの先いつまで見ることができるのだろうか。後継者はほとんどいない

阿仁合駅近くの坑道跡。阿仁には鉱山を感じさせる遺構が少なく、これは復元したものである。鉱山から掘り出されたものは専用のトロッコ道で運ばれた。その道も今は朽ちてしまっている

だ。

マタギ必携の『山達根本の巻物』にも山岳宗教色の濃い部分があり、これも修験者説の根拠となっている。巻物の文言から高野派と日光派に分けられるらしいがその方面に私はあまり興味が持てない。

アイヌの言葉がそのまま使われているといった説もある。確かに阿仁を訪れると北海道でよく見かけるような地名がある。笑内(おかしない)や戸鳥内(とどりない)などである。アイヌ語には猟を意味するマタギという言葉があるらしい。このあたりを根拠にしたマタギ＝アイヌ説だろう。以前、ある週刊誌で「アイヌのマタギ」という企画を掲載していた。北海道のアイヌ集落で猟師たちを取材した内容でこの猟師たちをマタギと紹介していた。確かにアイヌ語にはマタギなる言葉があるそうだがそれは動詞で猟をする意味だという。だとすれば私が取材をしている阿仁マタギのマタギとは意味が違うこととなるのだが。

不思議なことに日本各地には自称マタギが大勢いる。高名な食文化研究者が四国マタギや九州マタギなる言葉を著作に残した例もある。そうしたことから猟師＝マタギだと思い込む人が多くそれは情報発信側のマスコミも例外ではない。個人的にはアイヌ猟師はマタギではないと思う。

ルーツに関してはマタギが日本海を渡ってロシアのほうからやって来たという説もある。日本人のルーツが大陸、南方、北方と各地から来ている説が一般的なのでそういう意味ではこれが完全に間違っているとは言えないのかもしれない。だからといってマタギという狩猟集団がやって来て阿仁に住み着いたというのはにわかには信じがたい話だ。この説を支持する人は自説の正しさを証明するためにわざわざロシア側の狩猟民が使ってきた罠の作り方とマタギが使っていた罠との共通点を示したりする。しかし、世界中すべての狩猟民の罠を比較してマタギとそのロシアの罠にしかない明確な共通部分があるのだろうか。彼らが根拠としていることは自説に沿った証拠のみを集め辻褄の合わない部分は捨てているようにしか思えないのだ。

マタギは縄文人か？

考古学と違い民間の習慣や伝承を基に研究する民俗学には歴史を覆す大発見などはまず有り得ない。同様にマタギについても、これまで知られていなかった新たな事実を探す旅は空しいものに感じられる。私がいくら歩き回っても新たな発見に出会うことはなかったし、また私にはそんな事実を掘り出す能力もない。ただし、何度も阿仁を訪れて実際にマタギたちと接したことから私なりにマタギの過去を類推することはできる。そこでマタギのルーツについて私説を述べたい。

マタギという特殊な狩猟集団が阿仁に発生した理由、それはある種偶然の積み重なりによるのではないだろうか。つまり自然発生偶然説である。そして偶然を生み出す重要な要素が阿仁鉱山の存在であったと考える。鉱山とマタギ、一体何のつながりがあるのか。

現在の阿仁地区は町村合併で生まれた地区である。それ以前は阿仁合町と大阿仁村に別れていた。阿仁合というのが町役場がある地区で古くからの鉱山町である。鉱山の歴史はかなり古く、一説には奈良時代から採掘されていたという。

現在では鉱山町という概念が日本からほぼ消え去っているが、かつては数多くの鉱山町が日本中に存在した。鉱山が開かれるとよそ者がどっと押し寄せる。山のなかにいきなり数千人規模の町が出現することなど珍しくもなかった。そこまでの人数が集まらなくても、鉱山により無人からいきなり金や物が行き来する市場が形成される。それまでの山猟師たちは獲れた獲物を自己消費するか、近くの農民と物々交換する程度のことしかやっていなかったはずだ。そこにいきなり町が現れる。つまり大消費地が出現したのだ。猟師たちがそこで獲物を売り始めるのにそれほどの時間はかからなかっただろう。

自分たちの獲物に商品としての価値があることを知れば、今まで以上に獲ろうと考えるのが人間だ。より多くの獲物を手に入れるために狩猟集団を形作り、効率的に運営し維持していくためのリーダーが出現する。このリーダーがマタギ集団を率いる最高責任者〝シカリ〟になる訳だ。そしてシカリとなった者が数代がかりでマタギ集団としての技術を固めたのではないか。

極寒での雪山装備は、同じ環境のなかで生き抜いていた動物から作り出した。これはカモシカの毛皮で作ったミトン状の手袋

カモシカの毛皮のスネあて。最先端の素材に比べれば性能は落ちるかもしれないが、自給できるのが素晴らしい

ウサギ猟で使われたワラダ。これを投げるとウサギが穴
に隠れそれを捕まえるというが見たことはない

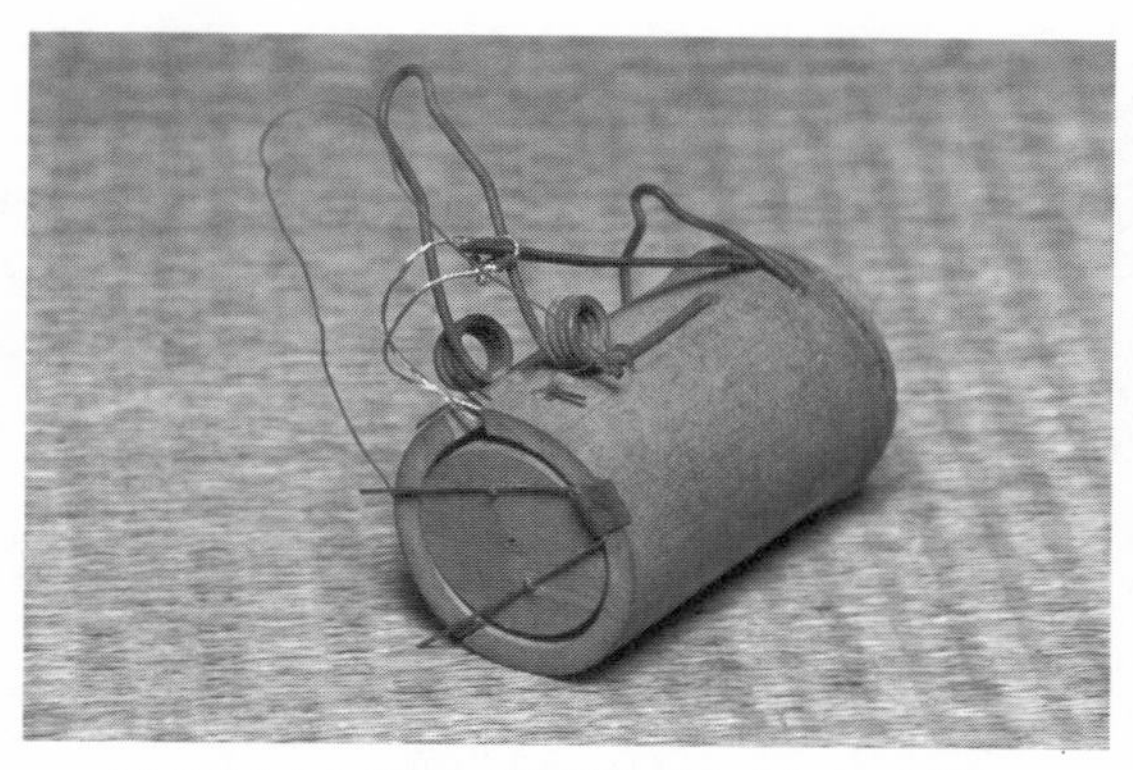

イタチのような小動物を捕る罠。山人は少しでも獲物を
捕ろうと知恵を絞り身近な材料を駆使した

さらに原初のマタギの中から市場と獲物を求めて阿仁から山伝いに移動を始めたグループが現れる。そしていくつかの地域にマタギ集落を形成する。これはいわばマタギというカンパニーの支店だ。支店を構える条件は彼らの狩猟テクニックを最大限に生かせる自然条件が存在することである。山の恵み豊かな所であるのは当然のことながら、雪の存在が非常に重要であったと思う。マタギにとって雪は厄介者でなく狩猟の効果を存分に発揮するための要素だったと考えれば雪が少ない地域にマタギ集落がない事実と合致する。

こうして新たな集落とする場所や獲物、市場を求めて山筋を歩く彼らの行動が山岳宗教と出会ったり、時の権力者へ情報を提供することにもつながったりしたのではないか。そしてそれらの経験から『山達根本の巻物』ができあがる。『山達根本の巻物』は全国どこでも好きに猟ができるという天皇の御墨付きで、シカリ直系の子孫が相伝する。一種の狩猟免許ではあるが果たして内容に歴史的事実があるかどうかは定かではない。似たような巻物はマタギ以外の山の民の間にもあるし、瀬戸内地方の不定住漁民にもあった。一般的には河原巻物と呼ばれる類である。

こうして古のマタギは天皇の権威や山伏の教義など自分たちにプラスになるものを巧みに取り入れていった。これらの要素が絶妙に絡みあってマタギという狩猟集団は生まれ存続していったのではないか。それを可能にしたのが有能なリーダー＝シカリの存在だ。こう考えれば日本の至る所にマタギが存在している訳ではないことの説明がつくのかもしれない。これが私の考えるマタギ自然発生偶然説である。

マタギには実に複雑な要素が絡み合っている。だから『マタギ＝○○』のような単純な説は実にナンセンスに思われる。それでも敢えてひと言でマタギのルーツは何かと問われたら、私は迷わず縄文人だと答える。縄文時代に人が比較的定住していたのが東北地方である。他には関東地方、北陸地方が挙げられる。縄文時代、近畿や中国四国、九州地方はほとんど無人地帯に近かったのだ。それに比べると、北東北は非常に長い間人が安定して暮らしていた。それは三内丸山をはじめとした北東北各地に残る数多くの縄文遺跡から判明している。

阿仁地区の地名に多い○○内などの呼び名がアイヌの言葉と共通点がありマタギ＝アイヌ説の根拠のひとつになっていると先に紹介した。しかし、この共通性は両方共に縄文の言語体系に由来しているからであり、アイヌがやって来てマタギになったからではないと私は考えている。再度断っておくが、これは数多いマタギについての私説同様、私の個人的な考えに過ぎない。

熊の胆の価値

マタギは最初の頃、おそらく毛皮や肉のみを商品として扱っていただろう。しかし毛皮だけでは無駄が多く、肉そのものも保存の問題からいうと扱いにくく遠くまで運ぶのも難しい。そこで、商品価値が高くかさばらず持ち運び可能な商品が必要となる。それはいったい何か。ここで、ここでマタギの情報収集能力が生かされ、有能な知恵者であるシカリの発案でマタギたちは獲物から種々の薬を作り、売り出すことを始める。これは商売の効率化、多角化である。薬売りといえば富山が有名だがマタギも売薬ではかなりの範囲に出没したのである。この場合、マタギ本人が薬を作って売り歩く場合と、マタギから薬を仕入れて売ることのみに専念した者とがあった。後者は売薬を生業としマタギと同じように山を越えて遥か遠くまで商売に歩いた。彼らは商売の過程でマタギとはまた違った情報を故郷に持ち帰っただろう。

熊のすべてを有効活用するマタギの知恵はけぼかいの項で述べたとおりである。熊の薬とされたのは血や脂などだが、中でも熊の胆は置き薬の代名詞でありこれほど昔からよく知られた薬もあるまい。もっとも、私は〝くまのい〟＝〝熊の胃〟だと学生時代まで思っていたのであるが。もちろん、熊の胆は熊の胆のうを乾燥させたモノであって、決して胃ではない。富山の置き薬でお馴染みで、飲み過ぎ食べ過ぎの時に飲む薬、健胃生薬とされている。熊の胆は『熊の胆一匁、金一匁』といわれるくらい価値あるものだといわれている。たかが胃薬が金と同じ価値がある？　置き薬の熊の胆はそんなに高いものじゃなかったはずだ？　などと首をかしげる方も大勢いるだろう。しかし熊の胆目当てに韓国ではほ

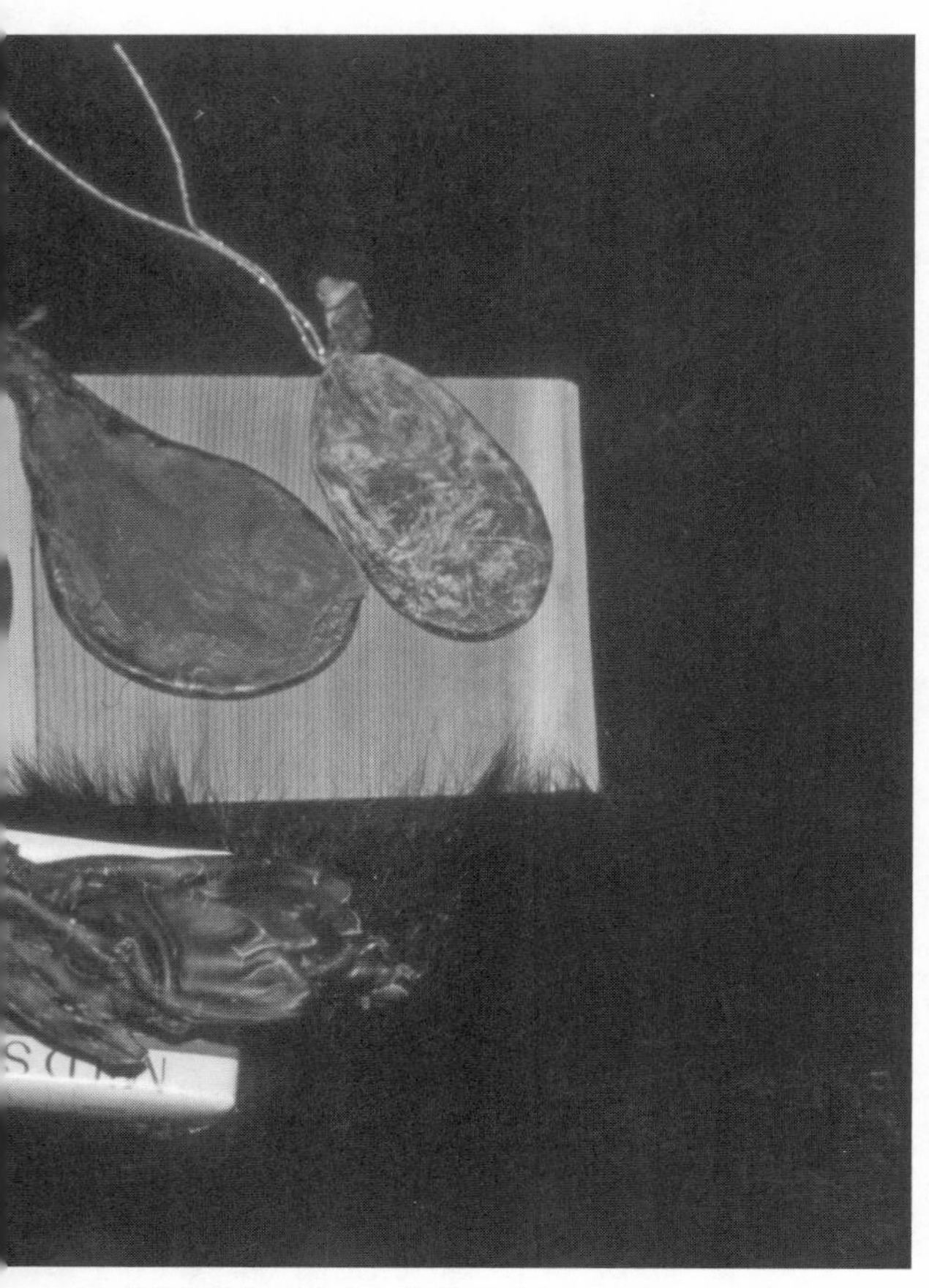

た熊の肝臓。これもまず手に入らない

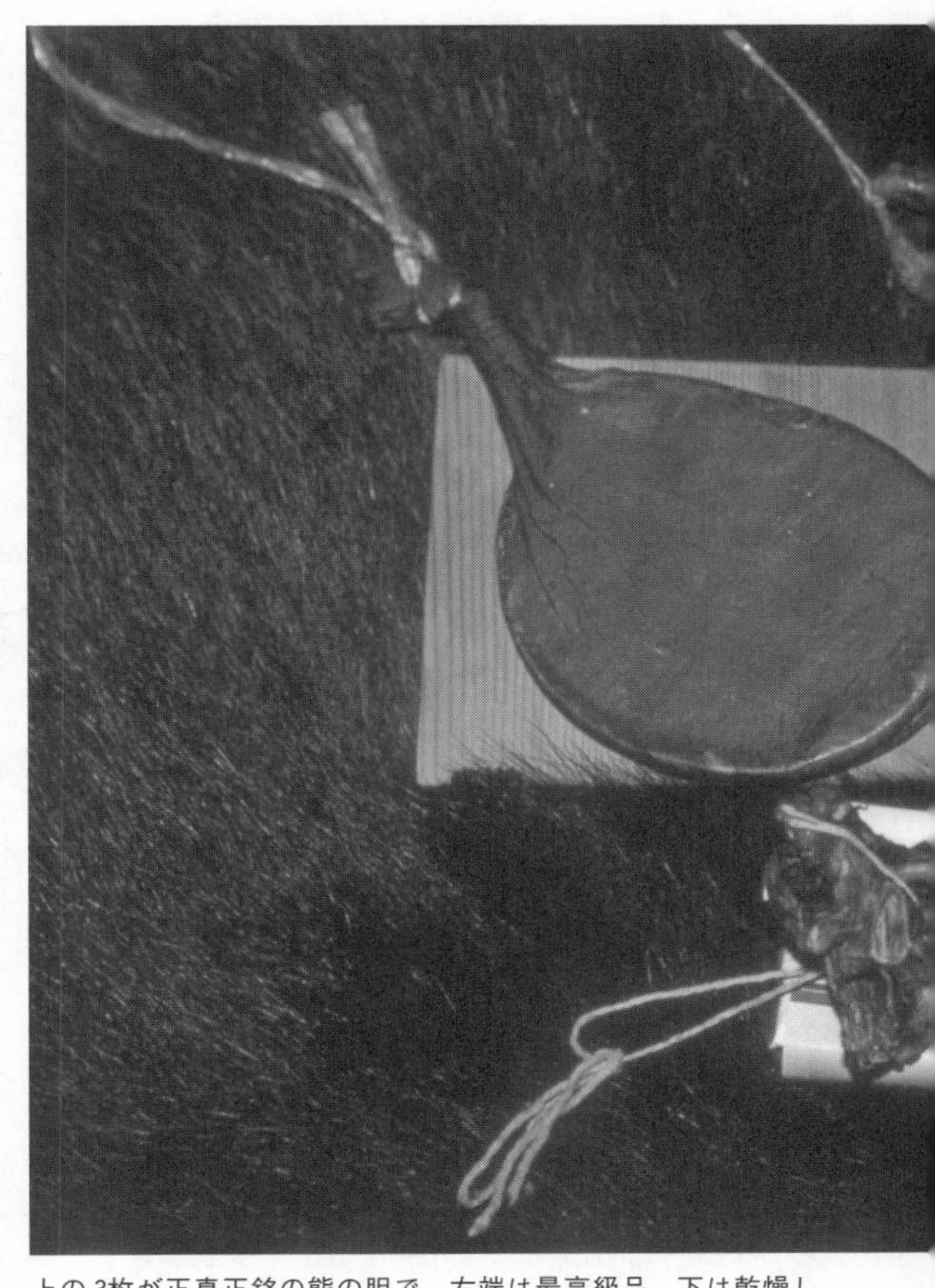

上の 3枚が正真正銘の熊の胆で、左端は最高級品。下は乾燥し

とんどの熊が狩り尽くされてしまってほぼ絶滅し、マレー熊も密猟で絶滅の危機に瀕している。なぜそこまでして熊の胆を採りたがるのか。それは大金を積んでも欲しい人たちがたくさんいるからである。しかし、ただの胃薬にそこまで目の色を変える訳がない。この薬を扱う人物に言わせると、熊の胆は万能薬で癌からアトピーそして神経症、花粉症まで何にでも効く究極の薬なのだそうだ。これならば、金と同等いや以上の価値があると考えるのも無理はない。中国では、熊を殺さずに胆汁のみを採取する方法を研究しているという話も聞く。

それだけの価値ある熊の胆が置き薬として安価に出回っているとは思えない。熊の胆は冬眠から目覚めた熊（これを春熊と呼ぶ）から採れた胆のうを乾燥させたものである。熊の胆は1ミリ立方程度でも十分に顔が歪むほど苦い。これが熊の胆かと驚くような独特の苦味で実際に舐めてみないとわからないだろう。

冬眠前の熊（これは秋熊と呼ぶ）は皮の下にたっぷりと脂肪はあるが胆のうはちぢこまっている。冬眠というのは一種の飢餓の極限状態でありこの期間が長いと胆のうは肥大化するそうである。これは熊に限られたことではないらしい。食べ物を消化するために欠かせない胆汁は絶食することでため込まれるのだ。そのような理由で冬眠明けの熊の胆のうはでっぷりとしている。このでっぷりとした春熊の胆のうこそが上物の熊の胆になるのだ。しかし、置き薬として十分に流通するほどに国内で春熊の胆のうが採取されているとは思えないのである。

さて、ここからはあくまでも聞いた話であって、製薬会社と関係があるのかどうか不明であることをお断りしておく。実際に流通している本物の熊の胆の半数はアジアから入ってくる密輸品らしいがそれを含めても流通量は多すぎる。どうも熊の胆そっくりの偽物がかなり出回っているらしいのだ。その疑問を解く鍵は山のなかならぬ水の中にあった。熊の胆の偽物を作るのだから熊に近い動物が利用されるのかというとこれが意外なことに水中生物である。それはコイや食用ガエル（ウシガエル）だというのだ。これは驚きだ。しかし独特の苦味が再現されたそのでき具合は素晴らしく、素人にはまったく判別できないらしい。そういえば、置き薬の袋に熊が鯉を抱えている絵が描いてあるものを見たことがある。あれは暗に鯉の胆であることを示していたのだろうか。本物の熊の胆は信用できる人から手に入れよ、ということであろう。

マタギとおかあちゃん

秋田といえば酒所である。マタギたちも御多分に漏れず、何をするにも酒は欠かせない。熊が獲れたといっては酒を飲み、熊が逃げたといっては酒を飲み、ウサギが獲れたといっては酒、獲れなかったといっては酒を飲む。マタギたちの宴に数えきれないくらい参加させてもらったが、これがまたべらぼうに面白い。いつも宴会は夕方の早い時間から始まる。乾杯に始まり、よく飲み、よく食べ、よく話す。もうそれだけで5〜6時間があっという間に過ぎていく。今日の猟の話、この前の猟の話、大昔の猟の話、東京の話、時々女の話、ただ、女の話は直ぐそばにおかあちゃんがいるから大きな声ではできないが。

宴は決まって仲間の家で開かれる。二次会に繰り出すでもなく（もっともそんな店もない）、カラオケをやるでもないがそれでもにぎやかに時が過ぎていく。

何度目かの宴であったか忘れたが、ふと気づいたことがある。宴会では以前に聞いた話がよく出てくるのだが、その話が随分と変わっていることがあるのだ。そして多くの場合、前より面白くなっている。そのことに気づいてからさらに話の内容に注意するようになった。しかし酒が入ってしまったマタギたちの秋田弁を聞き取れるほどの言語能力を私は持ち合わせていない。3分の1でもわかればいいほうである。

テレビもラジオも新聞もない時代の唯一の情報源は人の口だった。人の出入りの多い所は新鮮なネタが手に入る。しかし人里離れた場所では新ネタがそうそう手に入るものではない。昔の田舎は本当に閉ざされた世界だったのだ。いつも同じメンバーで、いつも同じ話題。ただ同じ話を延々と繰り返すのもつらい。そこで知恵者は話に少しずつ改良を加えてより面白くしたのではないか。夜の闇に包まれ囲炉裏を囲んで話をするしかない状態が数多くのお伽話や民間伝承を生み出したのだ。それはしつこいほどに語られ練られたから

火縄銃と『山達根本の巻物』。マタギが代々受け継いだ狩猟免許証が、この『山達根本の巻物』だ。いかにも“秘伝”という雰囲気

宴会の席でも山の話題、猟の話題は尽きない。このような楽しい宴も最近はめっきり少なくなった

面白くなった。古典落語が数多くの演者を通り抜けることで名作に昇華したのと同じである。マタギたちの宴に参加している私はまさにお伽話、フォークロアのビッグバンに立ち会っているようなものだ。

似たような話を福島県の南郷村でも聞いた。南郷村は奥会津の雪深い里である。昔は冬になると家の周りの道をかんじきで踏み固めて確保する。朝を知らせる者は、父親が屋根に付いたつららを落として回る〝かきん〟という音だったそうだ。

雪のある時季は人間が移動する範囲がごく限られる。小さな明かり取り用の窓だけ除雪して、あとはすっぽりと雪の中。そんな雪に閉ざされた家の中で、家族みんなが囲炉裏に集まる。大人たちは春の耕作の準備、縄綯(なわな)いやわら細工に手を動かしながら話に花を咲かせる。山の話、田畑の話、村の話、噂話、それを横で聞く子どもたちもそんな大人の話を楽しく聞いていたそうだ。楽しみが少なければ自分で作り出せばいい。四六時中、刺激の飽和状態のなかにいる現代人には思いもつかない田舎の生活が昔はあったのだ。

マタギに限らず男は元来脳天気な生き物なのかもしれない。ただし、そのように脳天気に生きていくことができるのは大体の場合、女の人の力に支えられているからだ。

前にも述べたように、古のマタギと現在のマタギとでは考え方も生活様式もかなり変わってきている。猟に行く数日前から女を遠ざけ水垢離(みずごり)をするマタギなぞとっくにいない。しかし、それは堕落した訳でも質が落ちた訳でもないだろう。時代の流れなのだ。

よく古老から「今のマタギは……」という台詞を耳にするが、そう言っている本人もとっくに鬼籍に入っている先輩マタギたちからは同じことを言われていたのである。

しかし、昔も今も変わらないものがある。それは山が好きなことだ。マタギたちが山に行く前の晩などは、まるで子どもが遠足に行く前の晩と同じである。うれしくてしょうがないのだ。うきうきと準備をする男を見ながら〝本当に子どもみたいなんだから〟とおかあちゃんは思うのである。朝も早くから（もっともここ阿仁では皆朝早いが）おにぎりを持たせて男を送り出すと、あとはただ心配するしかない。山が危険な所であることは昔も今も変わらない。時折無線から聞こえてくる男どもの会話に耳を傾ける。一日中心配して過ごすと、今度は帰ってきた男どもの宴会の準備だ。おかあちゃんの心配を知って知らずか、男たちは酒を飲み大いに語る。この脳天気な男たちを迎えにやって来たおかあちゃんたちが宴に終盤参加すると、主役の座が一気に逆転するから面白い。男どもはお釈迦様の手のひらの上で暴れていたことに気づいた孫悟空のように、または授業参観で後ろに立つ母親を気にする子どものように大人しくなる。とはいえ、おかあちゃんは怖い存在ではなく優しい存在なのだ。そのなかで男は好きなことをしている。

マタギ里の発展と末裔たち

阿仁は東北の山中にありながら、鉱山があることで人の出入りが昔から多かった。そして、マタギや薬売りたちが外部からいろいろの情報や技術をもたらす。このような要因から、阿仁は山里としては極めて特殊な地域であったのではなかろうか。それは、初めて阿仁を訪れたときに感じた違和感につながっている。過疎の山里ではあるが何もかもが衰退して行きつつある他の地域とは明らかに違う雰囲気。特にマタギのルーツである根子の集落は驚く。ここは、少し前にトンネルが開通するまで隠れ里的雰囲気を呈していたのである。それほど不便な所でありながら、昨今山村でよく見られる廃屋が無惨な姿をさらしていることがない。それどころか、どの家も新しく立派である。私は仕事柄頻繁に田舎に行くが、農村や漁村、山村のどこを見ても不便な場所は廃屋が目立ったり集落そのものが集団移転して消えてしまったりしている。そのような現状を数多く見てきた身にとっては根子の状況は驚きに値する。

阿仁に衰退の様子が極端に見られない理由として、先ず言えるのがマタギの進歩性である。それは自分たちにとって利があると思えば受け入れる柔軟性、知らない地域にもどんどん出ていく開拓者精神だ。保守的な田舎社会には考えられないことばかりである。これらはマタギではなかった人たちにも確実に受け継がれている。阿仁の人と話をしていてよく聞くのがサイドビジネスのことだ。売薬をしつつ秋田市内にアパートをもっていたりする人が結構いる。ここがまた特殊だ。今の時代ならば、秋田市内に移り住んだほうが便利なようにも思える。しかし彼らは家を立派に立て直し、この地に住み続けるのだ。瀬戸内地方にも数多くの移民を排出してきた特異な島があるが、その島は人が出ていけばいくほど寂しくなるばかりだった。そんな村落が多い現在、阿仁という所は本当に不思議な所である。

教育者になった人が多いのも阿仁の特徴のひとつだ。お年寄りと話をしていると、子どもが都会で教師をしているという話をよく耳にする。そういえば根子で代々シカリを務めてきた名門マタギの家も3代前から教育者家系に変わってしまった所がある。その家庭では今でも古文書などのマタギ資料はしっかりと守られていた。阿仁の中学校教諭であったここの現当主には大切な資料のコピーを頂いたりしてお世話になったのである。

マタギについて考える時、どうしても狩猟に関することばかりが中心となるのはしょうがない。しかし、彼らは狩猟民であると同時に、山の民であり商人でもあった。そのことについても考える必要はあるだろう。

マタギたちの生き方が里全体に及ぼした力はかなり大きなもののはずだ。たとえマタギ家系に生まれなくとも、何らかの影響を受けただろう。それはあたかも港町に生まれたからどういう性格だとか、下町育ちだからこういう性格だというのと似ているのだ。

現在、阿仁に住んでいる人たちのほとんどがマタギ里の生まれであることを意識していないようだ。西根師匠が最初に言った

「あと20年もすれば熊を撃てる人がいなくなる」というのは、直接的なマタギの消滅である。同時に住民の意識からもマタギは消滅しようとしているのではないか。これはマタギの里そのものの消滅といっていい。時の流れとはいえ、歴史あるものが消えていこうとする現場に立ち会うのは本当に寂しい限りだ。

マタギが伝えてきたもの

マタギの罠と道具

マタギの狩猟道具が国の重要有形民俗文化財に指定された。このニュースが流れたのは私がウサギ狩りの取材で阿仁から帰った翌週だった。実はこの滞在時季にマタギの道具類はもう少しきちんとまとめたほうがよいのではないかとマタギの人たちに話したばかりだった。

実際に話を聞いて回ると、各家庭にはさまざまなマタギの道具や山の民の生活に欠かせなかった品々が残っていた。それが代替わりや家の建て替え、引っ越しとともに廃棄され続けている。

「終戦の年だったか明くる年だったか、村中の鉄砲が集められてな、そんときいっぱいあった刀もみんな一緒になくなったなあ」打当の鈴木進さんである。

当時までは家の玄関にごく普通に銃が置いてあり、直ぐにもち出せるようになっていた。このように一気になくなるものと違い、時代の変化や生活様式の変化に伴って徐々に失われるものはえてして気づきづらいのである。

絵で見るような古のマタギ装束が本当にマタギオリジナルであるかどうかはよくわからない。鷹匠や杣人も似た格好をしていたから山へ入る基本的なコスチュームだったのだろう。タテと呼ばれる槍状の道具も、どの地域の狩猟者も使っていたはずだ。つまりマタギの狩猟道具は日本の狩猟道具ということになる。他地域が狩猟の民である意識を集団で持ち得なかったから無意識のなかで消えていったのに比べて、阿仁は〝おらマタギだ〟という意識があり、それが道具を残したともいえる。

ウサギ狩りへ一緒に行った英雄さんが打当の山のなかに昔の罠を復元していた。もちろん本当に狩猟で使う目的ではない。〝ごもじ〟や〝うっちょう〟というタイプの罠で、ウサギやヤマドリなどの小型の獲物用と中型の獲物用だ。もっと大きな罠は熊も捕らえることができる〝ひらおとし〟である。これを現代の罠と比べると面白い。現代で使われている罠は箱罠（主にイノシシ用）、括り罠（シカ、イノシシ）、囲い罠（主にシカ）、ドラム缶の捕獲罠（熊用）などである。

基本構造は仕掛けに入った獲物を動けなくすることだ。獲物を固定する部分（括り罠の場合は輪、箱罠系は箱と扉）、そして仕掛けを作動させるトリガーと動力だ。動力はバネで跳ね上げたり重力による落下を利用したりしている。

英雄さんの罠を見ると基本構造はまったく同じである。鳥をよく獲ったという罠は、低木をぐいと曲げてそのエネルギーで跳ね上がった仕掛けが獲物を挟み込む。中型獣用は仕掛けに乗せられた重しが落下して獲物を押さえ込む構造だ。それらの大きな違いは材質である。マタギの罠はそこにあるものだけで作られ、現代の罠はそこにはないもので作られる。つまり木とツル、鉄とプラスチックの違いだ。

「これでカケスなんかよく獲っておやつにしましたねえ」

英雄さんが言うように、小さな罠は子どもの遊びと実益を兼ねたものだった。こうしてマタギは山で生きるものを獲る基礎訓練をしていたのである。

マタギの特殊性とは何か

マタギについて書かれた説明文ではほとんど特殊または特異な狩猟集団と表現されることが多い。先日読んだ新聞記事ではそこに専業の猟師という説明も加わっていた。かくいう私自身も、初めて阿仁を訪れるまではマタギはてっきり古式ゆかしいプロの猟師だと思っていたのである。しかし、実際には狩猟を生業とするマタギははるか昔に絶えている。本当に山の獣のみを狩って生計を立てていたマタギがいつ頃までどれくらいいたのかは定かではないのだ。

生計を立てるには獲った獲物を金銭に替えなければならない。それが行商という行為に結びつく訳であるが、江戸時代に広範囲に自由に動いたという記録はないようで、佐竹藩に卸していた文書は残っている。何しろマタギという言葉自体が江戸末期の文書で出てくる訳だからそれ以前のことは誰にもわかるはずがないのだ。

明治期に入ると流石にさまざまな形でマタギの経済活動が記録されている。それと同時にマタギの暮らしぶりが取り上げられる機会が増え、耳目を集めるようになっていった。

以前、マタギの山言葉について聞かれたことがある。しかし私はそれについて答える知識を持ち合わせてはいない。山言葉とはマタギが猟に入った時にのみ使う言葉で、里言葉とはまったく違う。私は符丁程度のものかと思っていたが、全然違う言語だったと言われている。しかしながら猟に入る短い時季のみで、しかも限られた使用人数で名詞、動詞、助詞、助動詞、修飾語などの個別の言語体系が維持できるかは個人的には疑問である。まったく地元の言葉と違うという記述もあるようだが、山言葉自体はマタギ以外の者には聞かせてはいけないのだからその点は矛盾を感じる。

この言葉については笑内、比立内、湯口内、打当内などに地名からもアイヌ語、そしてそこからマタギのアイヌ説の根拠となっている。しかし単に発音が似通っているから必ずしも関連があるとは言い切れない。例えば、島根県の出雲地方にはウップルイという地名がある。まさかそれをもって島根県がアイヌの地だという人はいないだろう。

あるとき、朝日新聞のコラムでアイヌの言葉は縄文の言葉であるという記事を読んで、はたと膝を打った。つまりこのアイヌ的発音や言葉は原日本人つまり縄文人の言葉ではなかったのか。そう考えれば日本中にアイヌ的な地名が散らばっていても何ら不思議ではないのだ。

マタギが山で唱える呪文から山岳仏教の流れ、そしてマタギ修験者説が語られる。山岳仏教は世俗から離れるために山に入ったといわれている。阿仁から最も近いのは出羽三山だから恐らくそこが大本ではないだろうか。単純に考えると修験者は仏教の修練をしている訳でそれが狩りという殺生をする立場に付くのか、これも甚だ疑問である。フィールドを同じくする者としての何らかの情報交換があった程度と考えるほうが妥当なのだ。

またシカリをリーダーに特異な猟を展開するとも思われがちだが、狩りの仕方は基本的に日本中何処も同じである。獲物を撃つ人のほうへ追い込むのはこれまた猟の常道なのだ。その昔の銃のない時代は落とし穴を掘ったり、さまざまな罠を仕掛けていたりしたはずで、これも全国共通だろう。タテ（槍）一本で熊と一対一で戦ったともいわれるが、これとて日常ではなかろう。やらねばならない時はやるしかなかった。他地域では、甲州の猟師で山刀一本で熊を仕留めた話も聞いたことがある。つまりマタギの猟は日本各地で行われているやり方だからまったくかけ離れていたとは言い難いのだ。

このように地名、呪文、言葉、猟方法などをそれぞれについて考えれば、マタギが極めてまれな例ではないことがわかる。しかしこのすべてが含まれ、そして現代でも確認できることは奇跡的だと思う。〝おらマタギだ〟という強烈な自負心がその奇跡を起こしたのだ。

椎葉村との共通点

宮崎県の山間部に位置する椎葉村は、柳田國男が官吏時代に調査に訪れた地である。これを基に著したのが『後狩詞記』で、このことから椎葉村は日本民俗学発祥の地を名乗っている。

「壱岐よりはるかに大きく隠岐よりはるかに小さい、村中に三反と続いた平地もなく」

このように紹介された椎葉村は周囲を1100～1600メートルの山々に囲まれている。急斜面にへばりつくように人家が点在する集落は狩猟と焼畑、そして山仕事を生業としてきた。この九州の山間部である椎葉村と東北の山間部である阿仁には驚くべき類似点があった。

椎葉村は平家落人伝説の元祖のような所である。山中なのに海の神社である厳島神社が祀られていて不思議だったが、これも平家関係だったのだ。阿仁も不思議な所で平家と源氏の落人がいたと言われている。

両方とも山間部ではあるが、椎葉村のほうがはるかに険しい。阿仁は集落そのものが平地にあり、周りの山で高いのは森吉山くらいで急峻な地形とは言い難い。どちらかというと典型的な中山間地で、大きな川がある分、開けて明るい感じである。椎葉村はまさに谷間にあるため日照時間が短く寂しく感じられる。山にへばりつくように家を建て、畑を耕すのは楽ではないだろう。人口は阿仁が3500人足らず、椎葉村が約3000人である。

椎葉村の中心部である大河内地区。そこにある博物館は椎葉の歴史や伝統文化資料をまとめた大層立派な施設である。数は少ないが狩猟関係のコーナーを見て驚いた。オコゼが置いてあるのだ。マタギが山の神のご機嫌を取るために供えるあのオコゼである。目的もまったく同じで、醜女である山の神より不細工な生き物を見せて喜ばせようというのだ。

そして何より驚いたのはマタギの〝モチグシ〟に酷似したものの存在だ。〝モチグシ〟とは獲れた熊の背肉と心臓、肝臓を串に刺して山の神にお供えするもののことで、これとまったく同じものを椎葉村の猟師も山の神に供えるのである。ただし椎葉村の場合は熊ではなくイノシシである。メインの獲物が熊であるマタギに対して、九州ではイノシシが山の神からの授かり物なのだ。

猟場のことを阿仁ではクラというのに対して、椎葉村は狩倉（カクラ）という。マタギのこのクラをアイヌ語だという人もいるが、恐らくは日本語の蔵、倉からきているのだろう。ブッパ（射手）はマブシ、シカリはトギリ（ミキリ役）といった具合に呼称は違う。マタギが山中に仕掛けた大型の罠である平落としはアセリサンマイといって同じ仕組みである。

マタギは『山達根本の巻物』を所持するが、椎葉村は『狩巻き』という草紙本だった。マタギが巻物を携行したのに対して椎葉村では家に置くものだったので形が違う。内容はまったく違い、椎葉村は狩りの仕方や作法を記した本だったそうだ。

焼き畑は日本では珍しい農法で椎葉村では今でも一部で行われている。阿仁の根子集落でも以前は行われていた。このようにマタギと椎葉村の猟師には相違点もあるが、類似点のほうが際立っていて驚きである。

これはどちらも古い狩猟文化を残してきた結果ではないだろうか。他所では狩猟行為そのものは継続されてきたが、それにまつわるしきたりや作法などがあまり伝承されてこなかったのではないか。それで豪雪の山間地と南の隔絶された山間地という対照的な自然環境のなかにタイムカプセルのような空間が生じたのだ。落葉広葉樹と常緑広葉樹、熊とイノシシというまったく違う狩猟のフィールドでありながら、ふたつの地区には同質のものを強く感じるのである。

2 マタギとは山の恵みをいただく者なり

マタギ食堂へようこそ

マタギと久々に山へ入った。そしてボロボロになって山を下りてきた。やっとの思いで宿に辿り着くと、宿の人に

「凄くお疲れですね」

と言われた。確かに鏡をのぞくと生気がまったくなかった。翌日、車に乗るのに右足を手で持ち上げなければならなかった。足腰の痛みは4日間続いた。

まあ、ひどいものである。自慢ではないが私の体力は片道3時間が限界だ。これは昔も今も変わらない。そういう意味ではあまり老化は進んでいないのか、いや昔から老化しているのか。70歳のマタギにも確実に劣る体力のなさである。

マタギがなぜマタギになったのか。それが知りたくて阿仁に通い始めて20年以上になる。よく飲んだ、よく食べた、よく笑った、泣いた、そして語った。すべての喜怒哀楽を山で授かった気がする。そしてふと気づいた。

〃ああ、これがマタギなんだ〃

呪文の文言や巻物の内容が重要ではない。山で生きることが最もマタギにとって重要であり、そのための補完アイテムが呪文や巻物なのだ。そう、マタギのベースは山の民とし

ての生きる力にほかならない。そしてその源は、まちがいなく食べることだ。こんな単純な結論に辿り着くのにどれくらいビールを飲んだことか。

本書は食堂である。出てくるメニューは実際にマタギたちが食べてきたものばかりだ。もちろん、山里・阿仁の伝統食でもある。高級レストランのようなしゃれた料理は何もない。そしてはるか彼方から食材を取り寄せるようなこともしない。四季それぞれにそこにあるものをいただくだけである。山の神から授かったマタギたちの食べ物をご一緒に堪能していただければ幸いである。

雪に隠れた熊がもたらす恵み

熊穴を見にいく

近年は地球温暖化の影響か雪が少ない冬も珍しくない。ある年などは真冬の2月に阿仁で大雨が降り洪水警報が出たことがある。またある年は、私が住んでいる関東地方から打当地区まで完全に乾燥路だったこともある。2月なのに峠道でも乾いた状態だった。いくら除雪が完璧だからといっても、これは驚きを通り越して不気味ですらあった。このまま雪が降らなくなって阿仁が豪雪地帯ではなくなるのかと思えば、一転して今度はドカ雪に見舞われたりする。

「最近の天気は変で、よくわがらねな」

これはマタギたちの共通認識だろう。

キノコが遅れに遅れたある年の瀬に、打当の英雄さんを訪ねた。ひと月ほど前にマイタケ採りでふたりとも惨敗したばかりである。何か面白い話でも聞こうと思ったらいきなり「田中さん、熊穴見に行きませんか」という、断れるはずもない提案であった。

「熊穴か、大変魅力的だが……いや待てよ、これは何かの罠かもしれないな」

このときは本格的に山に入る準備を一切してきていない私は、少しためらうところである。それを見越したように英雄さんが言った。

「林道から沢渡って少し登るけど、1時間くらいの所だから大丈夫でしょ」

1時間、それなら楽勝だ。これはひょっとして穴熊撃ちという貴重な体験ができるかもしれない。翌朝の出発時間を決めると宿へ戻った。

翌日、宿の前に止めた愛車の2代目旅マタギ号は雪に埋もれていた。最低気温がマイナス8℃、何もかもが凍りついている。こうなると車を動かすまでに時間がかかる。雪を払い、固まったワイパーの氷を落としながらエンジンを温めねばならない。そうこうするうちに英雄さんの軽トラックがやってきた。

悪戦苦闘のスノーシューでの雪中歩行

雪に慣れない身にはこの程度の積雪でも負荷がかかる。
かなりよいエクササイズではある

短い毛並みはつるつるで最高の手触りだ。土の中を動き回るにしては汚れもなく、大変に美しく綺麗なモグラだ。モグラが地上に出ると死んでしまうというのは誤り。大変な大食漢なので常に食べ続ける生き物らしい

2代目旅マタギ号では初めての阿仁である。来る直前に替えたばかりの新品スタッドレスタイヤだからよほどの無茶をしない限りは大丈夫だとは思うが安心はできない。何せ阿仁へこの時季に来るたびに、側溝に落ちている車を見るのは冬の風物詩なのだ。滑った跡は道路のいたる所に付いている。実は私も初代旅マタギ号でかなり怖い経験をしたことがある。とにかく急がない、無事これ名馬なのだ。しかし地元の人はそんなことを気にもしていないように飛ばすから英雄さんの軽トラについていくのもなかなか大変だ。と思っていたら、あらら、あそこで幼稚園バスが脇道に突っ込んでいるし、こっちではゴミ収集車が側道から落ちそうになっている。足元が不安定なのはやはり怖い。

降りしきる雪のなかを進み、ある集落の最奥から林道へと入る。そして10メートルもしないうちに2代目旅マタギ号で進むのは諦めた。積雪がすでにかなりあって、車で進むのは無理のようだ。ここからは歩くしかない。

「かんじきよりもスノーシューのほうがいいじゃないですか?」

そう言われて、今回は英雄さんのスノーシューをお借りした。普段ならマイかんじきを持参するのであるが、予定外なので車に積んでいない。初めて着けるスノーシューで一体、どこまで行けるか、若干の不安はある。

林道に積もった雪は40センチほどだろうか。歩くには何の問題もない。前を行く英雄さんはスキーでさくさくと歩いている。私も快適、快適。これなら大丈夫かな。

途中、雪の道を横切る黒い小さな影を発見。何だろう？　テンかイタチか、何やら尻尾のようなものが見え隠れしている。英雄さんはストックを振り上げると近づいていく。ストックで獲物を仕留めようとしているらしい。

構えたストックがビュンと唸りサクッと雪に沈む。捕れたのか？

「何だろうな」

英雄さんはそう言いながら雪を掘り起こすと出てきたのは綺麗なモグラが一匹。どうやら逃げたテンかイタチがモグラを捕まえたところだったようだ。

「何でこんな雪のなかでモグラが出てきたのかなあ」

英雄さんは不思議そうな顔でモグラを見せてくれた。上質のビロードのようなモグラの毛質は素晴らしい触り心地で心なしか暖かい。恐らく捕獲されたばかりなのだろう。

「まあ、置いておけばまた取りにくるでしょ」

綺麗なモグラを雪の上に残すと、また林道をだらだらと登り始めた。このモグラの姿は帰路にはなくなっていた。

雪は小降りになったかと思えばすぐに周りが見えないくらいに降り出す。この繰り返しで止むことがない。こんな状態での林道歩きも2時間近くたつとかなり堪えてくる。最初は何とも感じなかったスノーシューが重くてしょうがない。実際にかんじきよりもかなり重いのは事実だが、問題なのは雪なのだ。新雪でスノーシューが沈み込み、足を上げるとスノーシュー全体に雪が乗った状態になる。歩き方が下手なせいだろうが、これがかなり効いているのだ。何だか足に餅が絡むような感覚で、ひょっとしたらこの雪は納豆みたいに粘り気があるんじゃないかとさえ思ってしまう。

〝ストックを借りればよかったかなあ〟

実は最初に英雄さんが「ストック使えば楽ですよ」といって2本用意してくれたのだ。しかし斜面も登るし、何より両手をふさぐと肝心なときにカメラ操作が遅れてしまう。それで断ってしまった。

雪に覆われた沢筋に沿って林道がふた股に分かれた所からさらに30分ほど登る。ここから山へ入るらしいが、出発してすでに2時間が経過している。私の足の筋肉が山歩きに耐えられるのは片道3時間が限界。はたしてここからどうなるのか。

見つけた熊穴を覗く

英雄さんはスキーを外してかんじきを着ける。ここからは急斜面の上り下りなのでスキーは使えないのだ。私はそのままスノーシューで行くことにしたが、これがまたまずかった。斜面に入ると小回りが利かないのである。ただでさえ足の置き場が限られる斜面なのに、スノーシューがそこからはみ出してしまう。不安定極まりない。

「沢を渡って滝を3つ越えたら平らになるから、そこまでの辛抱ですよ」

滝を3つ……。

もちろん滝を直接越えていく訳ではない。滝の横の斜面を迂回して上るのであるが、これがまた凄い傾斜なのだ。白い崖、その下には沢が見える。ここは落ちると間違いなく下まで行くだろう。雪がある分、引っ掛かりも少なそうだし、無傷では済まないなあ。

苦心惨憺なんとか登り切ると平地に出た。広葉樹の平地から杉林の薄暗い平地へ入った所でひと休み。英雄さんが持ってきたバター餅をいただき、水を飲む。いつものことながら汗びっしょりだ。帽子のつばからはぽたぽたと水が滴る。汗と体温で溶けた雪が入り交じった水滴は止まらない。

「このあたりは仕事で来た所だから、山をよく知っているんですよ。今でもときどき見に来てそろそろどこをどうしようかと考えるんです」

英雄さんは、最近まで森林組合で働いていた山のプロなのだ。私は常々、森林組合の人が山人最強だと思っている。春夏秋冬、山に入り続ける人が一番山のことを知っているのだ。特にマタギで山仕事を生業としていれば、それこそ鬼に金棒である。今から見にいく熊穴も仕事中に見つけたもので、冬眠をすることも確認している。ただし、今年入っているかどうかはわからない。

さて休憩を終えて先を目指すか。時計を見れば歩き始めて3時間近く経過している。か

12月半ばでこの積雪は滅多にない。これは大雪の冬になる証だ。逆に雪が少ない年は年内に根雪にはならない

なり限界に近づいているが、あとどれくらいだろう。

「もうすぐですよ。この上です」

そう言われて見上げれば、これまたかなりの傾斜ではないか。おまけに積雪量が多い。登り始めて本日最大の難所であることに気づいた。まあ下が沢ではないので、危険度は先ほどよりも低いのではあるが。

前を行く英雄さんも傾斜と雪でかなり苦労しながらのルート設定である。尾根筋までの中間くらいだろうか、英雄さんがこちらに合図を送る。どうやら近いらしい。

「すぐそこだから、前に行かないようにしてください」

いけと言われても絶対に行かない！

英雄さんはリュックを下ろすと銃に弾を込めた。

「いるかどうかはわからないけど、いたら撃ちますから。その時は下ろすの手伝ってください ね」

それは絶対に手伝います……役に立つかどうか自信がないけど。

そこから30メートルほどさらにきつい斜面を登った所で、英雄さんは這うようにして雪の中へ体を沈めた。その向こうにどうやら穴があるらしい。

いるのか、いれば撃ってほしい。しかし撃てばここから片道3時間熊を引きずって帰らなければならない。いや3時間では済まないだろうなあ、あの道のりを引きずり下ろすわけだし、なんといっても私自身が結構怪しい状況になりつつある。

期待と大きな不安のなかで見つめていると穴の様子を探っていた英雄さんが手招きをした。よかった……い、いや残念なことにいないらしい。

「入ってません。この辺りの木を切って周りが変わったから、今年は入らなかったんでしょうねえ」

英雄さんにうながされて熊穴を覗いたが狭いような広いような、初めて見る熊穴なので判断のしようがない。斜面に突き出た岩の下に、ちょうど横に裂けたような空間ができている。開口部は広くないが、中は奥行きが少しありそうだ。しかし決して天井は高くなく、熊の体がぴったりと収まる程度ではないだろうか。ここは南斜面で傾斜がきつい分、雪は早く消えるはずだ。

熊穴を覗く時、英雄さんはストックを2本穴に立てかけた。その理由を聞くと
「こうして穴の前に棒を立てると熊が一気に出てこないんですよ。少し間ができるから、それで熊を撃つんです」。

これは熊の習性を生かした技だったのだ。

結局、穴に熊はいなかった。正直言うと安堵の気持ちのほうが強いが、少し残念でもある。熊穴に別れを告げて斜面を下り始めた。これが登りより大変だ。スノーシューが滑るのである。かんじきならばザックザックと沈むことでストップが効く。しかしスノー

シューは沈まない分、雪の上を滑ってしまう。そして小回りが利かないから動きが制限されて、足がうまくさばけないので怖くてしょうがない。最高に怖かったのが、滝の横を迂回する時だった。沢のほうへと足が滑るのだ。ただでさえ体力がすり減りつつあるのに、これはかなりきつい。やっとの思いで急斜面を下り、そこから沢を渡ろうと2メートルほどの段差に足をかけた時である。スノーシューが滑り、そのまま沢の岩盤部分に体ごと落ちてしまった。それ自体は大したことではないが止まらないのだ。するりと滑って自分がウナギにでもなったような感じで体が沢の中を目指すではないか。

〝うおっと、これはまずい。沢に滑り込んだらカメラが危ない〟

必死になって立ち上がろうともがくが、なにせつかまるものが何もない。何度か手を突きながらやっとの思いで立ち上がったが、足は完全に沢に突っ込んでいた。危なかった。沢から上がると、今度は左のスノーシューが見当たらない。この大騒ぎに気づいた英雄さんが戻ってきてくれた。

「そっちじゃないですか」

私は沢の中を探していたが、そこへ続く雪の斜面のほうを指さす。そこらあたりの雪を掻き分け、なんとか探し出すと余計に疲労感が強まった。

マタギにとっての熊の価値

「穴熊撃ちはよく3人で行きましたね」

根子の国男さんによれば、ひとりが穴に入り熊を追い出し、それを待ちかまえるふたりが撃ったのだという。

「追い出すために穴の入り口で火炊いたりもしたね。春先にひとりで熊獲ろうと思ってやったこともあるね」

国男さんのやり方は、英雄さんのように穴の前に棒を立てるようなやり方ではなかった。また比立内の正一さんによれば、穴熊猟のときは犬を使ったこともあるそうだ。しかし犬の役割は追い出すのではなく、穴の中に熊がいるかどうかを確認するためである。春先の集団で行う熊猟とは違い、個人猟はやり方に相違点があって興味深い。

マタギの里・阿仁にある根子、比立内、打当の各集落では言葉遣いでも若干の差がある。

「うんだはんちゃってわかりますか? そうでしょうって意味なんだけど、たぶん根子しか使わないいんじゃないですかね」

そう言うのは国男さんの奥さんのセツ子さんだ。セツ子さんは比立内地区の幸屋渡(こうやわたり)の出身である。

比立内から根子に嫁いできたセツ子さんだけに両集落の微妙な違いがわかるようだ。

マタギの里・阿仁とひと言で言っても地域差がかなりある。私が初めて来た時はすでに阿仁町となっていたが、それ以前は阿仁合町と大阿仁村に別れていた。阿仁合は古くからの鉱山町で、人口が最盛期には1万人を超えていた。それに比べると内陸線という鉄道も来ていなかった大阿仁村は、古くからの伝統やしきたりが色濃く残された。

「阿仁合の人がたは何でもやることが派手であったもんなあ。金づかいも派手で、打当とは言葉遣いもまったく違う所だったんですよ」

代々の打当マタギの家に生まれ育ったイヨ子さんは言う。当時、打当は大阿仁村でも最奥で、そこからすれば阿仁合町は大都会の様相である。

「阿仁合のほうから見たら、こっちは凄い田舎なのよ。だからよくおらたちはジャンゴ(田舎者)って言われたな」比立内の正一さんの話だ。

現在、各集落間は車で10分程度の距離である。外から来た人からすれば、マタギの里・阿仁はひとまとめの地域と思ってしまうが、実は違うのだ。

そのように地域差あるものの、熊に対する思いは変わらない。マタギが仕留めた熊は集落まで運ばれて解体される。熊が地区で獲れることは共通の喜びや楽しみだった。

「うれしかったよ、熊が獲れたら。昔は獲った人の家で解体したもんでな。一度なんか家に帰ったら何でか家の前にシートがかかってるのよ。ああ、婆さんが死んだんだと思ってなあ。そうしたら親父が熊撃ってそれを解体してたんだ」

打当のかんじき仙人こと忠義さんも代々のマタギ家系、というより昔は誰もが猟をやっていたというのが正しいのかもしれない。

「俺なんか囲炉裏端で弾作りやったもんなあ。雷管詰める時だけ親父がやったなあ。初めて鉄砲を撃ったのは中学の時だ」

このような話を阿仁ではよく聞く。当時、銃は単なる道具の位置付けだったようで、玄関先に無造作にかけられていた家もあった。銃や弾の貸し借りは当たり前で熊が出たと聞けば田植え中でも銃を担いで飛び出すし、家の前を歩いたと言えば庭先からぶっ放すことも珍しい話ではなかった。

「親父はずいぶん獲ったんじゃねえかな。一度に3頭獲ってきたこともあっから」

忠義さんは猟が好きだった。しかし親父さんが死ぬまで銃は手放さないと宣言していたのを聞いて諦めて出稼ぎに出たそうだ。当時は銃を一家で複数所持できるほど裕福ではなかったからだ。このように銃は道具として親から子へと引き継がれるものでもあった。伏影の郷美さんも父親がやめたのでその銃をもらってマタギの道へと進んだのである。

以前はマタギの数も多かった。特に春熊は地区全体の一大行事の趣で、獲れたときの喜びも地区全体のものであった。

「熊が獲れるとね、このくらいの小皿に肉を入れて近所に配って回るのが子どもの仕事

銃を出せば即臨戦態勢。熊、ウサギ、シカ、イノシシ、カモと獲物は違えど緊張感は変わらない。冷たい空気が引き締まる。銃だけでも十分に重いが、それ以外にマタギの七つ道具が加わるので荷物は少なくない。それで片道4時間がごく普通のコースである

斜面下から見上げた熊穴。あそこに熊が寝ているのかと思うと少し怖くもある。真冬になれば完全に雪に埋もれてしまうのだろうか

静かに雪を掻き分けてまずはご挨拶。〝誰かいますか？　いるなら撃ちますよ〟 怖いながらもユーモラスな光景だ。いなくてよかった……

これが熊の冬眠穴。ストックと比べるとその大きさがよくわかる。ここで熊は4カ月ほど眠るのである

だったの。そうしたら砂糖を少しもらえたのね。お菓子もない時代だったからうれしくてね」

先ほどのイヨ子さんである。このように直接猟には関係のない子どもたちもその恩恵にあずかっていた。熊が獲れることで集落中がわくわくした気分になったのだ。

一度の猟で3頭獲れるような大猟も昔は時々あったようで、根子でもその話を聞いた。こうなるとときならぬお祭り騒ぎだ。

「熊獲れてもな、ひとりあたりの肉はほんの少しだからな」

忠義さんが言うように獲る人数も多いから結局肉の分配は少なくなる。だから昔は熊の肉が貴重品だった。

マタギ勘定という言葉がある。獲れた獲物を仲間に均等に分けるやり方だ。「マタギ矛盾なき労働と食文化」でも記したが、イヌイットも同じ方法で肉を分けている。しかしながらこれを理由にイヌイットとマタギが共通の成り立ちだとはまったく思わない。日本各地の猟師たちも概ね集団猟の場合は均等に分けている。つまり、これは狩猟者の作法でマタギ独特ではないからだ。

3種類の熊の胆

肉は均等に仲間で分けるが、換金性の高い熊の胆や毛皮は入札に掛けられた。特に冬眠明けは上質の毛皮と熊の胆が手に入るので猟にも一層力が入ったのである。なぜ冬眠明けかというと、まず4カ月近く寝ている間に綺麗に毛が生える。そして爪も伸びるので全体として毛皮が立派な状態になるのだ。冬眠中は何も口にしていないから、当然、消化に必要な胆汁は使用されずたっぷりとため込まれる。これを加工することで金と同じ価値があるとされる熊の胆ができあがるのだ。以前、秋熊猟で獲れた熊の胆のうを見たがそれはほとんど何もない状態だった。冬眠に備えて餌を食べ続けている状態だから当然である。ただし、秋熊で丸々とした胆のうを見たことも2度ほどある。そのときは何とも思わなかったが、よく考えると辻褄が合わない。なぜ秋熊で熊の胆が採れたのだろうか。

その答えは福島県の南郷村で見つかった。たまたま取材で訪れた先に巨大な胆のうがあったのだ。まだタプタプの胆汁が詰まった状態で乾燥途中である。冬眠前の時季になぜこんなに巨大な胆のうなのかというと、その原因は捕獲方法にあった。この熊はドラム缶の罠で捕まった個体なのだ。それを聞いて見当が付いた。つまり極度のストレスが原因ではないか。もちろん罠の中で2～3日は絶食状態かもしれないが、それだけではここまで胆汁はたまらないだろう。

「そういう熊の胆を、私はコハクと呼んでいますよ」

こう言うのは打当の英雄さんだ。英雄さんによれば、春熊よりも色が若干薄めなのが特徴らしい。

「明かりにかざすと透けて見えるんですよ、コハクは。真っ黒の熊の胆とコハクとどっちが効くと思いますか？」

そういわれても春熊の胆を口にしたことがないから比べようがない。

「私はコハクのほうが効くと思いますよ」

そう言って英雄さんが持ってきてくれたのがコハクの実物である。確かに春熊のように真っ黒ではない。光の加減で赤みがかったようにも見える。これをいただいて口に放り込んだ。毎度お馴染みの熊の胆の味だ。わずかでも素晴らしく苦く、しかしながらそのはるか彼方に甘みが隠れているような、いないような。絶妙に不思議な味である。関係者に言わせると体の不調一切に効く万能薬で昔は打ち身や骨折には溶かして塗ったそうだ。一般的には胃腸薬として認知されている。熊の胆の成分から開発された薬がウルソで、これが生成可能なために熊の胆は薬とみなされている。つまり薬効が確認されたことで薬事法の範疇となった。それにより昔のように個人で売買することができなくなったのである。

こうしてコハクをいただいて英雄さんとかなり酒を飲んだが軽い2日酔い程度で済んだのは熊の胆のお陰だろうか。実は熊の胆で酷い目に遭ったこともある。弘二さんの家で干してあったまだタプタプの胆を試しに舐めてみたのだが……それから6時間後にやってきた。完全なアタリである。吐き下しに発熱、これには参った。

さまざまな熊料理、熊を食べる意味

熊肉はおいしいのかとよく聞かれる。しかし味の好みは人それぞれで、実際に食べて判断していただくしかない。一般的に関西の猟師は熊肉をあまり高く評価していないようだ。その理由の第一は市場価値、つまり肉として流通するかどうかである。関西は古くから獣肉食文化が盛んだが、その主流はイノシシだ。特に冬場のイノシシは大変人気があり、高値で取り引きされる。それに比べると熊は数も獲れないし、注文も少ない。苦労して獲っても収入につながらないから評価は高くないのだ。

イノシシの棲息北限を超えた秋田県では当然イノシシは獲れない。ところが少し前に秋田県南の湯沢市でかなり大きなイノシシが捕獲された例はある。大雪の中、栗駒山をどうやって越えたのかが未だに謎だ。飼育施設から逃げ出した可能性も指摘されている。

九州でツキノワグマの絶滅が正式に認められたのは最近の話だ。しかし絶滅はずいぶん前から指摘されている。それがなぜ正式発表まで数十年を要したかというと。１９８７年に捕獲例があったからだ。この個体はＤＮＡ鑑定の結果、九州ツキノワグマではないとされた。どこかの施設から逃げ出したのか、誰か愉快犯が持ち込んだのかは定かではない。

考えてみると熊は、存在すれば必ずや痕跡を残す生き物である。例えばナラ類に登ったときに付ける爪痕は10年以上残る。栗の木があれば太い枝をぼきぼきへし折って大量の栗を貪る。稲や渋いカリンでさえ餌とするのだ。杉の木の皮は必ず剝いでその樹液を舐めるし、熊がいれば多くのサインが他にも絶対に見られる。そのようなものが一切見つからないのに、いるかどうかはわからないという熊の専門家の意見には正直首を捻らざるを得ない。糞も痕跡も見当たらなければいないと判断するべきなのである。存在確認のためにわざわざカメラを設置する必要などないと私は思うが。

西日本ではもともとの数が少ないせいもあり、熊肉を食べることはほとんどない。それに比べると東北地方は熊の数が多く、なかでも北東北で熊肉は実によく食べられる。阿仁の道の駅では冷凍した熊肉が一年中売られていて、ごくまれに熊の骨や掌などが売られることもあるのだ。

熊の食べ方は基本的に煮込み料理である。肉の煮込み、骨の煮込み、そして内臓の煮込みで、特に骨や内臓を使った料理は本来獲った人しか食べられない。そういう意味では本当のマタギ料理ともいえるだろう。

根子の弘二さんに見せてもらった熊肉鍋は豪快だった。根子集落から奥へ入った沢沿いで料理をしてくれたが、まずは適当な柴木を切って吊し竈（トライポッド）作りから始まる。これがなかなかの優れものなのだ。一見細く見える柴木だが、ぽきんと折れることはない。もともと深い雪にじっと耐える木である。生の状態ではしなやかで、かなりの荷重に耐えられるのだ。ここに鍋をかけて熊肉を軽く炒める。そこへ酒（このときはビール）を加えてさらに加水。採れたてのアイコ（ミヤマイラクサ）を入れて味噌で味を付けた。脂もほどよく付いた熊の肉が山菜と絡んでおいしい。一般家庭では大根やゼンマイなどを入れて煮込むことが多いがこのマタギ流野外熊鍋はそれとはまたひと味もふた味も違う素晴らしい料理である。

骨鍋も同じような味付けだ。もちろん骨を食べるわけではなく、骨に付いた肉をしゃぶり一緒に煮込む野菜を楽しむ料理。他地域の猟師はイノシシやシカでやはり骨鍋を作っている。骨からは出汁が出るうえに、かなりの肉が付いているから捨てたものではない。さらに我が家では熊の骨は犬の絶好のおやつになっている。

内臓料理は非常に面白い。内臓を食べれば、その熊が何を食べていたかがはっきりとわかるのだ。おいしいと思ったのは、やはりブナばかりを食べた熊。ブナの実が豊作の年は、熊は一日中ブナの木の下で食べ続ける。その脂肪分を蓄えた熊はかなりおいしい。ただし気をつけないといけないのが食べ過ぎである。この熊の脂はおなかが下る原因なのでマタギたちは決して沢山食べない。

ブナが不作の年は熊がドングリばかりを食べることもある。この内臓がまたかなり珍味でおいしい。見た目には少し驚かされる。ドングリのアクのせいで内臓が赤紫がかっているのだが、口に運べばかすかな渋みがあって大人の味である。このイベリコ熊の内臓料理もまた獲った人しか食べられない究極のマタギ料理なのだ。

それから、熊の刺身も食べるという。これを最初に聞いたときは〝馬〟の間違いではないかと思った。しかし聞き直すとやはり熊の刺身だという。熊肉は生で食べられるものなのだろうか。


「春熊は刺身にして食べたりしたね。あれはおいしいもんだったよ」

根子の国男さんをはじめ、熊の刺身を食べた人は多い。ただしそれは昔の話で、最近は刺身にすることはないそうだ。


「今の熊は何食べてるかわからないから」

国男さんが刺身では食べない理由である。確かに熊の活動様式は昔とは変わっているようだ。

俗に3世代熊という言葉がある。狩猟で追われることがなくなって3世代目になると、人間をまったく恐れず、それまでとは違う行動をするようになる熊のことだ。阿仁は狩猟が盛んな地域であるが、それでもマタギたちは今時の熊の変化を時々口にする。それが一体何を意味しているのか私にはわからない。

熊肉の刺身に関しては阿仁以外の地域、北関東や北陸の民宿等で普通に出されている。驚いたことには九州南部から西表島にかけてはなんとイノシシが刺身で食べられていた。雑食性で沢ガニや昆虫類も食べるイノシシを生で食べるのは非常に危険だと思うが、屋久島の居酒屋メニューにも書いてある定番料理だ。

熊は阿仁マタギにとって特別な意味のある生きものである。

「私は授かり物だと思いますよ、熊は。山の神様からの授かり物をね、勝負させてもらうんじゃないですか」

打当の英雄さんだ。

勝負とは熊を仕留めることだ。熊を仕留めたマタギが山中で発するのが〝勝負声〟。

「しょうぶ〜、しょうぶ〜」

この瞬間が最高に血が沸き立つ。

撃ち止めた人が偉いのではない。仲間全員で熊を追い、協力した結果自分の所で撃ち止めることができた。それが勝負させてもらったという意味なのだ。そうして手に入れた熊が直接的に糧になり、また間接的に集落の結束を強める材料となったことは間違いがないだろう。熊は単なる食材ではなかったのである。

熊を利用すること

昔から熊はどこも捨てるところがないと言われるくらいに、そのすべてが活用された。肉はもちろん食用、熊の胆や血は薬になり毛皮は敷物等に利用されていたのである。しかし現在はかなり様相が変わってきている。先に述べたように、熊の胆は薬事法の問題で流通できない。昔は熊の胆はごく普通に売買されていたものである。だからあまり深く考えずにネットでも販売しようとした人もいるくらいだ。もちろんこれは摘発された。流石にこの件はマタギたちにも知れ渡り、熊の胆は売れないものだと認知されたのである。

同じように商品価値の高かった毛皮も今はほとんど売れない。以前は頭のみを剝製にした敷き皮が、大きいものだと30万円程度で売れた。剝製も同様で、旅館や民宿等の宿泊施設、公共の建物の玄関先を飾る大事なアイテムでもあったのだ。一般家庭の床の間に置いてある場合も珍しくはなかった。しかし今時剝製や敷き皮を飾る家も宿もほとんどない。色褪せた剝製が置いてあっても不気味なだけで、誰も喜ばないのだ。

利用されにくくなったもうひとつの理由が、加工業者の減少である。以前は阿仁やその近辺に腕のよい業者がいたが、今はいなくなったのだ。英雄さんは新潟の業者に送って加工してもらうそうで、小動物のテン一匹で2万円以上かかる。高い上に喜ばれないのでは売れる訳はない。こうしてあれほど価値の高かった熊の皮は、山のなかに捨てられるようになったのだ。

実は私も熊の皮を持っていけと言われたことがある。それも塩漬けの生皮だ。剝製の頭は付けずに、開いてなめしただけの状態ならば10万円程度で加工できるという。どうしようかと考えたが近くに肝心の業者がいない。そこで調べると実はなめしや剝製の加工業者が多いのは東京だったのである。台東区周辺や本郷辺りによく見受けられた。大学や研究機関からの依頼が多いようである。

打当のかんじき仙人こと忠義さんは、捨てられていた熊の皮を使ってミニ背当てや熊の爪ストラップなどの製品を作り出した。このできがよくて、阿仁のヒット商品になっている。熊を無駄なく利用するマタギの知恵は現在も形を変えて生き続けていたのだ。

マタギのメシから生まれた郷土料理

キリタンポ発祥の真説？

秋田の代名詞といえる郷土料理がキリタンポ。以前は本当にご当地でしか食べられなかった珍しい料理だ。それが今では九州のスーパーにもキリタンポスープが並んでいる。いつの間にかメジャーな鍋料理になったようである。

「キリタンポはオラたちマタギが元祖なんだぁ」

最初に聞いた時は意外だった。当時から大館や鹿角がキリタンポ発祥の地として名乗りを上げていたからだ。

「マタギが獲ったヤマドリで鍋さこしらえて、そこさおにぎりを入れたのが始まりだべ」

こんな話を根子の弘二さんや打当の英雄さんからも聞いた。キリタンポの元祖がマタギにあるならこれはぜひ食す必要があるようだ。

根子集落から西のほうに鬼館野という地区がある。鬼の館があった野とはなかなか迫力のある名前だ。その最奥に弘二さんの田んぼが二町歩ほどある。湧き水が流れ込む田んぼ米はまさに絶品。今回はここの米でキリタンポ鍋を作る。

根子の田んぼでタンポ作り

材料は弘二さんの田んぼで取れた新米と比内地鶏。本来ならヤマドリを使いたいところだが、まだ猟期前なので一般的な比内地鶏を使うことにした。この鍋に入れる比内地鶏は阿仁地区で生産されたものだ。もちろん、阿仁ではスーパーでごく普通に比内地鶏を売っている一般的な商品だ。切り身だけではなく内臓（モツ）やキンカン（生まれる前の卵）、ガラとよそでは見られない部位も珍しいものではない。

ある秋の日、刈り入れが済んだ根子最奥の田んぼへと足を運んだ。ここは熊の棲み処でもある。田んぼの横にある栗の木は、毎年熊にボキボキとやられている。カリンや田んぼの米も時々熊に食べられているのだ。実際に弘二さんは、この田んぼで熊を仕留めたこともある。熊以外にもタヌキやウサギが歩き回るような野趣あふれる田んぼである。

キリタンポ鍋でまず最初に行うのは、鍋に入れるタンポを作るための飯炊きだ。田んぼに流れ込む湧き水で米を研ぐ。米を育んだその水で飯を炊くのは一種の贅沢である。

寒冷地の山田の米は粒は小さいが粘りがあり、甘くてすこぶるうまい。これを炊き上げるのが前章でも紹介したマタギ竈である。柴木を使って作ったトライポッドは頑丈そのもの。一見、柔に見えるが、実際には30キロ以上の鍋を余裕で吊すことができる。これで一升のご飯を炊くが、この炊き上がる香りが実によい。そして感激するのがオコゲである。鍋の底にこびり付いた飯の焦げがこんなにうまいとは！

タンポ作りの次の工程は炊き上がった飯をビール瓶を使って潰していくこと。ある程度潰して粘りが増したら、この飯を杉の棒に付けてタンポの形にする。

「これは天杉だぁ。今じゃ手に入らねぞ」

弘二さんが天杉と呼ぶのは、天然秋田杉のことだ。天杉は資源管理が厳重で、伐採地に落ちている枝さえ拾ってはいけないそうだ。

この杉をナガサで適当な太さに削り、そこへ潰した飯を付けるのだが程よい形になかなかならない。見慣れたあのタンポの形とは違って少々不細工である。

串にタンポを付けたら今度は炭火で表面をこんがりと焼く。炭火に炙られて湯気を上げるタンポは熱々だ。表面にかりかりの焦げ目が付けばタンポ作りは完了。今度は鍋の準備に取りかかる。

マタギのタンポはひと味違う

まずはグラグラに沸いた鍋へ比内地鶏のガラとゴボウを入れてしっかり出汁を取る。そして弘二さんがナガサを使いあっという間に丸抜きの比内地鶏をさばくと鍋へ入れる。驚いたことにここでもう味付けが始まったではないか。酒、醤油、そして秘伝のキリタンポ用調味料をぽとぽとと注いで味をみる。さらに驚いたことには、ここからすぐに先ほどのタンポを入れるのだ。飯は一番あとだと思っていたからびっくりだ。

「普通は最後だべ、タンポを入れるのは。でもこれは大丈夫なんだぁ」

そう、宿や飲食店で出るキリタンポ鍋は上にタンポがのっている。鍋の中にどっぷりと浸かったものは見たことがない。食べていてもどんどんタンポが溶け出して、ぐずぐずのおじや状になるのがキリタンポだと思っていた。

どうやら溶けてしまうのはタンポの作り方によるらしい。大量生産されたタンポは、潰した米に粘りを出すために米粉などを混ぜる。一見、硬そうに見えるが、鍋に入れると粉が溶け出してずるずるになるし濁りも生じる。それに比べると、このマタギキリタンポは米だけをしっかりと潰して粘りを生み出し、それを炭火の火力でかりかりに焼いている。だから最初に入れて煮込んでも溶け出さないのである。

タンポを入れたあとでネギ、糸こんにゃく、セリ、そしてマイタケをどっさりと入れると、もう鍋いっぱいの豪快極まりないマタギ料理の完成だ。ひと煮立ちすれば食べ頃。

「あんまり煮込む必要はねえのよ。煮込みすぎるとマイタケの味がなくなるのしゃ」

トライポッドから下ろすとまずは乾杯！　そして究極のキリタンポ鍋をいただく。いやこれが実にうまい。マイタケはしゃきしゃきとした歯ごたえとあの独特の香りがうれしい。そしてセリ。これがまたうまい。このあたりでセリは長い根を付けて売っている。それがそのまま入っているのだが実によい味だ。セリの根は捨ててはいけないものだと初めてわかった。スープをひと口飲むと至福が訪れる。実に深い味わいで、比内地鶏の真骨頂だろう。肉は噛みごたえがあってふちゃふちゃのブロイラーとは全然違う。口を動かすたびに旨味があふれ出る。いや実に楽しい。ゴボウの香りもしっかりとあって、本当にバラエティに富んだ鍋だ。

そして一番驚いたのはやはりタンポ、これが煮崩れていないのである。入れてからあれだけ時間がたっているのに柔らかくなっただけだ。そしてその分、タンポが汁を吸って飯のうまさと汁のうまさが融合しているのだ。確かにタンポを最後に入れたらこの味にならない。あの時点でタンポを入れる理由はこれだったのだ。そしてそれを可能にしたのは手間を惜しまないタンポ作りにあった。

「これ、何でキリタンポって言うかわかる？　切って入れるからなのよ。でもオタたちマタギは切らねえの。ちぎって放り込むから〝チギリタンポ〟だなあ、はっはっは」

タンポはその昔、囲炉裏の火で炙って作ったのだろう。おそらくそのまま囲炉裏で保存されて、さまざまな材料と鍋に入れられたのではないか。冷蔵庫もない時代はこれが一番合理的だったのかもしれない。現在では地元でもタンポをスーパーで買って済ませる家が多い。遠くの子どもや親戚にたくさん送るときは自分で作るが、焼くのはホットプレートの上である。

よく弘二さんの家でいただいたのが味噌漬けタンポ、文字通り焼いたタンポに味噌を付けたものだ。これがまた香ばしくておいしい。小腹が空いた時には絶好のおやつである。付ける味噌をネギ味噌やニンニク味噌にすればかなり売れる商品にもなりそうだ。おいしい米があればそれだけご馳走なのである。

ここまで元祖キリタンポと言ってきたが、実はキリタンポのルーツがどこなのかはよくわからない。

「マタギは米を食べられる状態になかったから山に入って獣を追った訳で、そのようなマタギがキリタンポの元祖のはずはない」

こんな意見もあるようだが、大昔は平野の百姓でさえ雑穀を食べていた。米は貴重であり、米がろくに食べられないからといってキリタンポとは無縁だと言い切ることもできない。米をふんだんに食べられたかどうかより、肉の入手を考えればマタギ説にも一理あるのだ。

火を操るマタギ

初めてマタギたちとウサギ狩りにいった時のことだ。豪雪の山中で昼ご飯と相成った。マタギたちは杉の枝をポキポキと折って集め始めた。杉の木の下には枯れ枝が多く付いている。それを集めているのだ。しかし普段ならば到底手の届かない高さである。ところが頃は真冬、3メートル以上の積雪のおかげで簡単に手が届くのだ。

この集めた枝に火をつけると、その周りでマタギたちは持ち寄った握り飯を頬張る。私もいただいたが、これが普通のおにぎりではない。硬く硬く結んで簡単にはほどけないくらいの握り飯なのだ。寒さのなかで歯に沁みるような握り飯と缶コーヒー、そして雪に穴をあけながら燃える不思議な焚き火は強く印象に残った。

弘二さんとは山でさまざまな料理を作ってきた。そのたびに感心するのが火の扱い方である。あるときは吹雪のなかで、またある時はそぼ降る雨のなかで火を使いこなすその技術に目を見張った。特にキリタンポ用に飯を炊くときが出色である。オープンの焚き火でも、上でただ鍋を煮るのは簡単だ。しかし飯炊きはかなり火加減が難しい。それを毎度完璧にカニの穴付き極上飯に炊き上げるのだ。一度などは私が水加減を間違えたことがある。

弘二さんと同じように入れたつもりが、かなり多かったようだ。これはタンポには無理かなと思ったが、弘二さんのそこからのリカバリー力が凄かった。薪を入れたり出したりしながら鍋の中を確認する。普通は蓋はあまり開けてはいけないというが、そんなことはお構いなし。中の状況をしっかり把握したうえで火力を薪の出し入れで調節する。そして少し時間はかかったが、普通の状態に炊き上がったのだ。これには本当に感心した。

昔は囲炉裏が裸火である。当然日常から炎の扱いには誰もが慣れていた。マタギが山の中に入って火を扱えなければ命に関わる。火は銃やナガサといった狩猟道具並みに大切なものであり、扱う技術は必須だったのである。

阿仁の子どもたちは誰もが火を使ってきた。捕った魚、ジャガイモ、罠にかかったカケスなどを河原で焼いて食べていた。これがマタギの子どもたちのおやつだったのである。

今はさすがに阿仁といえども状況が当時とはかなり違う。子どもだけで川へ行くこと、山へ入ることは禁止されているのだ。獲物を捕ってその場で食べるなんてあり得ない。

ここ10数年で児童数の減少による学校の統廃合が進んだ。その結果、子どもたちは遠くの学校へスクールバスで通い、移ろいゆく季節のなかを歩いて通う姿も見えなくなった。少ない友だちの家でゲームに興じる姿は都心部の子どもたちと何ら変わらない。

生きる知恵を受け継ぐことで山の民になる。そしてその中からマタギも生まれる。これは子どもの頃から徐々に体に染み込んでいくものであり、決して短期講座で学ぶような質のものではない。

「俺の夢は引退したら山さ拠点作ってな、子どもたちにマタギのいろんなことを教えたいのしゃ」

「マタギ　矛盾なき労働と食文化」で紹介している私の山の師匠、西根稔さんがずいぶん前によく言っていた。山の生活者としての知恵や力が自然に身につく時代ではないことを西根さんはわかっていたのだ。

　山のなかで子どもたちを見ていると何にでも興味津々である。特に刃物と火には関心が高い。このふたつ、現代の子どもからは最も遠ざけられている存在ではないだろうか。オール電化のマンション暮らしでは炎すら見えない。包丁もまな板もない家があるらしい。確かにそのような暮らし方なら、刃物や火は単なる厄災をもたらす存在にしか見えないのかもしれない。だからといって現在の生活から単に遠ざければよいのだろうか。私にはまったくそうは思えないのである。

〝忍び〟で獲ったウサギを食す

冬の猟は悪戦苦闘

雪がしんしんと降り積もる……いやこれはそのように生やさしい状況ではない。阿仁へ来て3日たつが完全に降りっぱなし、雪がひたすら降り続いているのである。ニュースでは何でも平年の3倍の降雪量であるらしい。天気予報を見てもこの先1週間は雪だるましか見えないではないか。この状況で私はマタギとウサギ狩りに行くことになったのである。

〝ズボボッ、ズボボッ〟

足を踏み出すたびに膝下まで潜り込む。かんじきは着けているが、降り続く雪は容赦ない。膝下ならまだましなほうで、数メートルに一度は膝上まで埋まってしまう。前を行く打当マタギの英雄さんとは、あっという間に距離が離れてしまった。

「私が前を行きますから、そのあとからついてきてください」

昨日電話でこう言われて少し安心したのが甘かった。かんじき歩きは先頭が一番つらい。先頭から4～5番目になれば楽勝、2番目は微妙な位置だが、それでも先頭よりはかなりましなのだ。だから安心したのだが……。

〝スボボッ〟

「何でこんなに潜るんだよ！　まったく！　話が違うよ、聞いてないよ」

ぶつぶつと文句を言いながら、先を行く英雄さんを恨めしげに目で追う。英雄さんはスキーを履いている。かんじきではないのだ。英雄さんが付けた直線の足跡をかんじきで踏むと、ずぶずぶと沈むのである。これは先頭歩きとあまり変わらないではないか。出発してから5分で罠に嵌ったことに気づいた。

今日の猟場は打当温泉から少し登った所にある熊牧場がスタート地点である。熊牧場は冬季は閉鎖された施設であるが、管理のために道路は除雪されている。そのお陰で行程はずいぶんと短くなっているのだ。とにかく私の体力は片道3時間が限界、少しでも短縮できるのはありがたい。

ウサギの巻狩りは2度ほど参加したことがあるが、単独猟の〝忍び〟は初めてだ。話にはよく聞く〝忍び〟だが、実はまったく想像がつかない。ひとりで雪山を歩いてどうやってウサギが捕れるのか。近づけばウサギは逃げるはずだし、かといって散弾なので近づかないと当たらない。〝忍び〟とは私にとって謎の猟なのである。

雪は激しく降ったかと思うと少し弱くなるのを繰り返す、つまりまったく止まない。ひたすら降り続けているのだ。みるみるうちに積雪量が増えるようで気が滅入る。まあ、獲物の有無よりも無事に帰ることができればいいや。

先に単独と言ったが、私と英雄さんの間には黒い陰がぴったりとくっついている。英雄さんの相棒のカリちゃん（ブリタニースパニエルと柴の雑種）だ。カリはもちろん〝狩り〟から取った名前で、いかにもマタギらしいネーミング。しかし犬が一緒でウサギが捕獲できるのだろうか。

「大丈夫ですよ。カリは前に出ません。私の歩いたあとしか行かないから」

雪が深いから犬は埋もれてしまって先走ることができず、私同様に英雄さんの後ろをついて歩くしかないというのだ。とはいえ、ウサギの気配を察知して吠えることがあっては猟も台無しである。

時折カリちゃんは英雄さんの後ろから横道へそれる。新雪に頭を突っ込んでは盛んににおいを取っている。ウサギの気配がするのだろうか。しかし深追いすることはなく（しようにもできないが）、すぐに英雄さんのあとへくっつく。可笑しいのは時々スキーの板の上に足を乗せることだ。

マタギの七つ道具を背に進むいつもの英雄さん。森のなかをスキーで自由自在に動き回る

そのたびに英雄さんが振り向いて文句を言う。何とも楽しそうに歩くのである。

「こーら、乗るなぁ」

ウサギはどこにいるのか？

雪模様の空が続いたあとで久々に晴れ間がのぞく日は、ウサギの足跡がそこかしこで目に付く。田んぼや畑（もちろん雪の下）、家のすぐ横にも無数の足跡が残されている。走る車の中からもよく見て取れるくらいに活発に出歩いているのだ。荒れた天候のあとの晴れ間は、ウサギにとっても大切な時間らしい。

「ウサギはよ、天気と温度でいる場所がまったく違ってくるんだよ。俺はよ、夜明けの前の天気さ見て何処さいるかを考えるんだ」

比立内マタギの佐藤正一さんによると、ウサギは気温が下がると山の上のほうに、気温が上がると下のほうへ下りてくるらしい。

「あとはその時の状況だな。空が明るい時と暗いと時とでは付く場所も変わってくるんだ。俺なんかはよ、家にいても周りの天気を見てどこさウサギがいるかわかるんだよ」

今日は山のどの辺りにいるか、それが薪ストーブの前にいてもわかるとは、さすがマタギである。

「ウサギはよ、寒の時季さ入ると繁殖期で集まってくるんだ。そうすると赤いオシッコするようになるんだよ、この時季は」

この赤いオシッコはどうやら繁殖期特有のものらしいが、雄がするのか雌がするのかはよくわからない。白い雪の上にまるで目印のようにしてあるところからすれば雄のマーキングの可能性は高い。この繁殖期をマタギたちは〝寒立ち〟と呼んでいる。寒の時季に森のなかでウサギが立ち上がっているからそう呼ぶらしい。立ち上がって雌を探すのか、それとも恋敵の雄を蹴散らそうというのか定かでないが、繁殖期特有の動きである。

「昔はウサギが何処にもたくさんいたもんだぁ」

これは各集落のマタギたちが異口同音に口にする台詞である。一回巻狩りをするとそのなかに数え切れないくらいのウサギが入っていて、弾の装塡が間に合わなかったとか、ひとりで山へ行って全弾撃ち尽くして腰の周りにぐるりとウサギをぶら下げて帰ってきたなどという話は珍しくない。それほどまでにいたウサギが激減した。何が原因なのだろうか。

「キツネやテンが増えたからだべ」

この答えも各集落のマタギ共通である。その昔はキツネやテンの毛皮が高値で売れたからマタギたちはせっせと捕獲した。しかし近年は毛皮の需要が減り、それを目的に捕獲する人がほとんどいなくなったのだ。その結果、キツネやテンの数は増え、それらに捕食されるウサギが減ったということらしい。昔は珍しくなかったウサギが今では希少価値が高まり、一羽7000円で買い取られる場合もあるそうだ。

ウサギ見ゆ……?

杉林のなかを蛇行しながら登っていく。歩き始めてまだ1時間もたっていない。周りにはウサギの足跡がたくさん残されている。昨日の天気予報によれば今日は寒気が緩むらしい。ということは、山の低い所にウサギが出ているはずだ。ならば尾根まで登る必要はなさそうである。この辺りで仕留めればうれしい限りだ。

しかし……姿なし。

「足跡はあるんだけどなあ、これは一羽が歩き回っただけかなあ」

英雄さんが言うように確かに足跡はある。ついさっき出たばかりのような穴、そして赤いオシッコ。ウサギの痕跡は数多くあるが、肝心の獲物が見えない。ウサギはいったいどこにいるのか。

薄暗い森を見渡しながら歩を進める。歩くたびに全身からは汗が噴き出す。カッパの前をはだけて少し熱を逃がす。雪山かんじき歩きは暑いのである。それを知らずに(九州人だから)参加した最初のウサギ狩りは、たっぷり着込んだ上にダウンジャケットという今では考えられない格好だった。5分で全身汗まみれとなったのは言うまでもない。

降りしきる雪のなかでひたすら歩く。ウサギを探すのは英雄さんなので私はそれ以外にやることがない。この時間がつらいような楽しいような何とも不思議な時間に感じられる。獲れるのか、獲れないのか。どっちでもいいから早く温泉に入りたい……。

間断なく降り続く雪からカメラを守りつつ、歩き始めて1時間が過ぎた。森から林道に出るたびに深くはまり込み、結構な難所である。木が上にない分、積雪量が多いのだ。こうして2カ所ほど林道を横断して再び杉林のなかへと入っていった。

斜面を蛇行しながら登っていくと、前を行く英雄さんが止まってじっと右のほうを見つめている。私も距離を置いて立ち止まる。何かいるのか。しばらくすると英雄さんが振り向き手招きをした。急いでいきたいがそのせいで獲物が逃げても困る。

「いたら撃ってください」

小声で伝えたが英雄さんが来いと言うので、そばまで登っていった。猟に同行する場合、私は必ず一定の距離を保つようにしている。カメラを操作する行為は結構音がするし、何より射手の集中力を欠く原因になりそうだからだ。それが原因で獲れるものも獲れなければ話にならない。

「見えますか？　あれ」

そう言われて杉木立のなかを見渡すが……

「あれ、あそこにいるでしょ。見えますか？」

ウサギの赤いオシッコの跡。杉の木の下に直近までいたようだ。残念ながら姿はなし

薄暗い森のなかで黒いカリちゃんはピントが合いづらい。半分はピンぼけでなんども撮り直す

深い雪の中には結構陰影があってそのどれかがウサギの一部らしい。よくわからないが、あの辺りなのか。英雄さんはストックを雪に突き刺すと、銃を構え狙いを付けた。

〝パンッ〟

雪の中の発砲音はいつもながら乾いている。周りに反響しないから独特の音になるのだ。銃を下ろすと英雄さんはこちらを振り向きにこりと微笑んだ。そしてその向こうには雪の斜面を滑り落ちる塊があった。

その塊が本当にウサギなのかよくわからない私は、一直線に向かって下りていく。スキーの英雄さんは若干迂回気味に下りて来るので、私のほうが早く辿り着いた。

「おおーっ！　ウサギだあ」

確かに雪の上で丸まっていたのはウサギである。触ると心なしかまだ温かい。体の部分にはこれといった傷もない。よく見ると頭部に小さな傷が確認できた。

「雪の中でね、耳の黒い部分を見つけるんですよ」

そう言われて耳を見たが、これが意外と小さい。ウサギといえば耳長の代名詞のような存在であるが、野ウサギはそうでもないらしい。よく見れば、その小さな耳の中に黒っぽい毛が生えている。つまりこの黒毛を深い雪の中で探していたのだ。私に見える訳がない。

英雄さんが貴重なウサギを仕舞おうとすると、ここでひと騒動が起きた。あとを付いてきたカリちゃんが突然元気になってウサギに飛びつき始めたのだ。

「こらっ！　カリ、駄目だ、止めろ」

英雄さんの制止を振り切って飛びつき、ウサギに齧り付くカリちゃん。

「まったく、こいつは何もしないのに自分の手柄だって騒ぐんだぁ。こら投げるぞ」

しつこいカリちゃんの首輪をつかむと雪の中へ放り投げた。全身雪に埋もれたカリちゃんは、それでも必死に抜け出すとまたウサギに飛びつく。どう見ても遊んでいるようにしか見えないふたりである。

何とかカリちゃんのすきを見てウサギを仕舞うとひと休み。英雄さんが持ってきたバター餅を食べながらゼリー飲料を流し込む。英雄さんもマタギ御用達のいつもの缶コーヒーを飲みながら汗をぬぐった。

「ウサギは一羽いたら同じ足跡で動いたりバックして戻ったりするんですよ。賢いんですねえ、捕まらないようにちゃんと考えているんです」

そういえばこの場所にはまったく足跡は見あたらない。降り続く雪で一切の痕跡が埋もれてしまったのか、それともずいぶん前から動いていないのかはわからなかった。

山の神からの授かり物を手にしてこのまま帰れれば今日は本当に楽である……が、そうはいかない。まだ午前中なのだ。さらなる獲物を目指してゆっくりと登っていく。

時折木の上に積もった雪が〝ドドドドドー〟っと落ちてくる。これが結構凄い勢いで、雪崩のような迫力がある。たいていは杉林の出来事で、一本の木から落ちる塊が次々と連鎖していくのが特徴。特に今日は新雪がどんどん降り積もった状態だから、その量がまた凄いのだ。数本の木から落ち始めると周りが真っ白になって身動きできない。このような状態の森を彷徨いながらウサギの姿を探すのだからこれは楽ではない。

また激しく雪が降り出した。薄暗い杉林のなかを右往左往しながら登っていくと、英雄さんの動きがぴたりと止まる。ポケットから小さな双眼鏡を取り出し、しばらくのぞくと振り向いて微笑んだ。

「いるいる、写真撮れば」

そう言われて見ても、どこにいるかがまずよくわからない。おまけに持参したレンズでは到底撮れない距離なので早々にあきらめた。

〝パンッ〟

本日2度目の発砲。当たったのか？　英雄さんがニコニコしているからたぶん当たったのだろう。

「肉眼で見てもねえ、よくわからない時があるんですよ。そういう時はこれで確認してから撃つようにしてるんです」

以前、熊の〝忍び〟猟に行った時も根子マタギが8倍の双眼鏡で熊の姿を確認していた。確実に獲物の姿を捉えるのは猟の基本なのだ。

今回は先ほどより少し距離がある。ずぶずぶと林のなかを進み中間あたりに差し掛かっ

カリちゃんが先に回ればご覧のとおり。ほぼ全身が埋まってしまう。それでも時々先走るのは何か理由が？

深い雪の中で隠れた白ウサギを探す。そして仕留める。慣れといえばそれまでだが、やはり優れた技術だと思う

ウサギに喜んで飛びつくカリちゃん。かなりしつこい。
解体したらウサギが穴だらけだった。駄目だぞ、カリ！

たときだ。少し離れた所から例の落雪が始まった。

〝ドドッ、ドドドッ、ドドドドドドドッー〟

これがまた最大規模。あたり一面何も見えない。ここはどこ？　私は誰？　暫くカッパのフードを手で押さえながら落ち着くのを待つ。ようやく周りが見えるようになってびっくり、ウサギがいたはずの場所がすっかり埋もれているのだ。これは見つかるのか？

「ありゃ、どこにいったかなあ」

英雄さんはストックで雪を掻き回す。これで見つからなかったら悲しいなあ……そうだ！　こんなときのためにカリちゃんがいるではないか。犬の嗅覚をもってすればこんな雪なんて屁でもないはず。カリ！　行けぇ。

びゅんと雪の中へ飛び込むカリちゃん。頼もしいなあって……あれ？　英雄さんはぜんぜん違う所を探している。

「馬鹿だなぁ」

カリを横目に、英雄さんはストックで探りながらウサギを引っ張り出した。依然カリちゃんは違う場所をふがふがと探している。おそらくウサギが潜んでいた場所のにおいを取っているのだろう。そのおかげで、先ほどのようにウサギに食いつかれる心配もなく仕舞うことができた。こうして2羽のウサギを手に里に下りてきたのは山へ入って5時間後のことである。

片道3時間が限界の私にとって今日は若干の余裕をもっての帰還である。しかし、これで猟は終わりではない。さばいて食べて猟は完結するのだ。

ウサギの味は内臓が決め手

まずは解体。英雄さんの家の一角にはマタギ小屋とも呼べるスペースがあり、ここで作業を行う。小動物の解体は吊し切りが基本だ。片足を縛り吊した状態で皮を剝いでいく。この作業の最初の工程に刃物は使わない。吊されたウサギの足を指先で裂くようにして剝く。その後は皮を下へ引っ張って服を脱がすように剝いでいく。最初に刃物で切り目を入れないのは、筋や腱を傷つけないためだろう。そこを傷つけると皮を引っ張ったときに足が取れてしまい、解体がうまくいかなくなるからだ。

皮を剝がしづらい頭の部分は刃物を使って丁寧に作業する。こうして綺麗に皮を剝がし終えると、この先はまな板の上での作業となる。すっかり皮を剝かれたウサギは何だか因幡の白ウサギのようでもある。毛が付いていると丸くて柔らかいイメージ、しかしこうしてまな板の上でよく見れば凄い筋肉質で剛のイメージなのだ。

小振りの手斧を使いバンバンと四肢を落としていく。ウサギの骨は一見、か細いようで、実はかなり硬い。これを関節から外すのではなく、ひと塊状に断ち割っていくのだ。見事な後ろ足はそのまま焼いても鶏モモ肉みたいに食べられるように見える。団扇のように広がるあばらも塩焼きにすればうまそうだが、たぶん凄く硬いはずだ。

頭は半分に割って加える。こうすることで脳みそがウサギの味としてプラスされるのだ。そしてもうひとつ大事なものがある。それは内臓。熊などの大物は骨と肉と内臓はそれぞれ別の料理にされる場合が多いが、ウサギは違う。基本的には全部一緒に料理する。

「これをやらないとウサギの味にはならないんですよ。人によってははね、内臓を入れないで作ったりするけどおいしくないねえ」

そう言いながら英雄さんは分けておいた内臓を処理し始めた。肺と膀胱は取り除き、消化器系を分けていく。なかでも目を引いたのは大きく膨れた胃である。開けてみると、ぎっしりと詰まった緑色の物体。

「クロモジの皮かなあ、これは。においを嗅いでみます？」

そう言われて差し出された内容物は確かにクロモジのようなにおいがする。恐らくこのウサギはたっぷりと食べたあとでのんびりと昼寝でもしていたのだろう。

胃から内容物を取り除くとそのあとは長い腸を丁寧に絞り出す。腸の最初のほうは切れ目なくつながった緑色なのに、途中から2センチ程度の間隔で丸い塊になっている。つまりウサギのころころ糞がつながっているのだ。まるでベルトコンベアの上を製品が流れて来るようである。しかし胃の内容物と固まった糞の状態があまり変わらないのも不思議な感じがする。

「内臓を入れる人でもね、丁寧に水洗いする人がいるんですよ。そんなことするんなら最初から入れなきゃいいのにねえ、洗ったらウサギの味がしなくなるんだから」

この言葉で以前から抱いていた謎が解けた。その謎とは……。

実は昔、ウサギの料理法で肉と一緒に糞を入れる地域があると聞いたことがある。そうしないとウサギの味にならないからだというが、あの兎糞を鍋に入れて煮込むのかと長年疑問だったのである。今こうして英雄さんの調理の仕方を見ていると胃の内容物も腸の内容物も絞り出している。しかし水洗いして完全に取り除いた訳ではない。わずかながらは付着している。つまりこれが糞も入れると、人によっては感じられるらしい。

マタギのウサギ料理

ぶつ切りにした骨付き肉と内臓をひとつに合わせると下ごしらえは終了。ここからは薪ストーブの上での作業となる。まずは鍋にお湯をガンガンに沸かしてその中にウサギを投入する。このときアクの出方がもの凄い。血を洗ったりふき取ったりしていないぶん、アクの量も多いのだ。丁寧にアクを取ったらビールを加えてしばらく煮込む。普段は酒を入れるのだが、今回は少し趣向を凝らしてみた。あとは適当な頃合いを見計らって味噌で味

ぶつ切りにされたウサギ。内臓はまだ入っていない。地域によってはこれに野菜を加えて煮込んで食べる

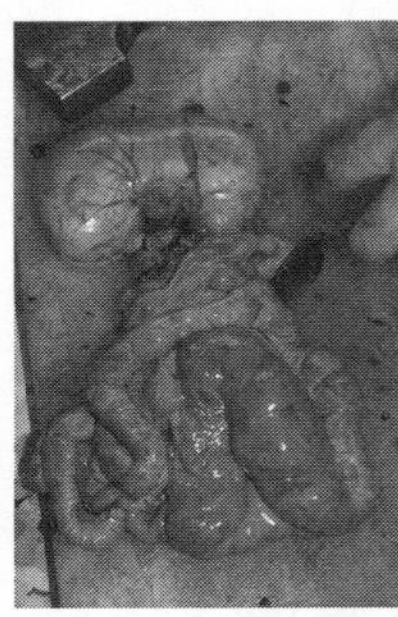

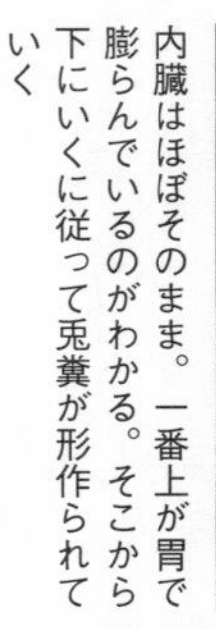

内臓はほぼそのまま。一番上が胃で膨らんでいるのがわかる。そこから下にいくに従って兎糞が形作られていく

パンパンの胃を切り開いた。内容物と最終的な糞は硬さや色が違うだけにしか見えない。並べると不思議

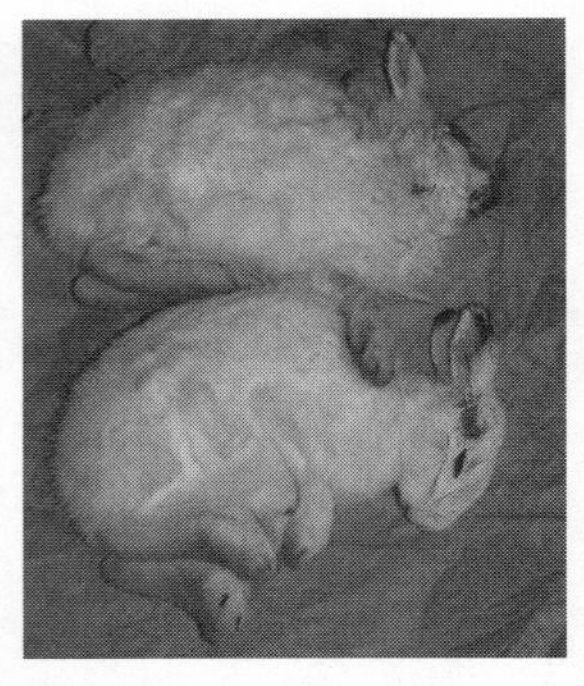

可愛く並んだ今日の獲物。2羽とも雌らしい。昔は雄ならばまず睾丸を抜いて子どものおやつにしたそうだ

見慣れた光景。スルスルと皮が剝けると凄い筋肉が姿を現す。この筋肉があってこそ、あの深い雪を自在に走る

これが体内から出れば糞になる。ほかの動物が食べるくらいに栄養価も高いらしい。不思議な糞である

肉と内臓がそろったところ。丁寧に仕上げるには30分以上かかった。こうしてみると一羽分はかなり多い

ウサギ100パーセントの煮込み。ヨーロッパではシチューにするらしいが、それでは単なる具材に過ぎない

付けをして調理終了。

「白菜や大根を入れることもあるんですよ。食べる人が多いとね、カサを増やすためにね。でもやっぱり何も入れないのが一番ウサギの味だねえ」

煮込み始めたときから独特の香りが漂う。しいて例えると乳製品系の香りに近く、ココナッツミルクにも似ている。決して変なにおいではないが、駄目な人には駄目らしく、マタギの子どもたちでもにおいが嫌だとウサギを食べない子もいるそうだ。

煮込み始めて小一時間、その間英雄さんは表の雪かきに出ている。山から下りてきて知ったが、今日は大雪警報が出るくらいの天気だった。ウサギを追っている間に30センチ程度の雪が積もったらしい。

雪かきを終えた英雄さんがビールを持って戻って来た。山の神からの授かり物にまず乾杯。

クワーッ!!

薪ストーブで火照った体にビールが沁みるなあ。今日は体力に余裕が若干あるせいか、ビールが特にうまく感じる。では、できたてのウサギ鍋をいただくことにしよう。

〝ガッシガッシ〟

これは結構硬い。それぞれの塊はひと口サイズであるが、骨が付いているのでそこから剝がしながら食べなければならない。

「これはね、もっともっと煮込めば自然と骨から肉が外れるんですよ。でもこうして食べるのが本当のウサギの食べ方でしょうね」

〝ガッシガッシ〟

確かにこれはお年寄りや歯の悪い人には向かないようだ。時折、中に短いミミズのようなものが入っている。例の内臓である。これがコリコリとした食感でなかなかうまい。

「よくウサギはどんな味がしますかって聞かれるんですよ」

英雄さんがガシガシとウサギを囓りながらビールを流し込んだ。その質問には……答えようがないだろう。この味は例えるものがないのだ。ウサギの味としか言いようがない。打当温泉では養殖ウサギの鍋を食べることができるが、あれとはまったく違う。厳しい環境のなかでクロモジなどの樹皮を囓りながら生きる野生のウサギにはびりっとした力強さがある。単に硬い、柔らかいではなく、食べるために改良された肉にはない独特のエネルギーがあるのだ。これは熊やその他狩猟動物全般に言える。

ウサギの料理はお伝えしたように基本的にはぶつ切りで鍋に放り込むやり方である。少し凝った所では骨ごと細かく包丁で叩いてミンチ状にしてから肉団子を作り鍋にする場合もある。あとは囲炉裏で干して使ったりもした。昔はたくさん獲れればさまざまに工夫して食べたのだ。

歩くのも難渋する大雪のなかでウサギを撃つ、これは簡単ではない。しかし雪がなければ深い草藪でウサギの姿は見えるはずもないのだ。犬を使って追い出すか、または罠を仕掛けるしか捕らえる方法はない。このようにひとりでウサギを探して撃ち止められるのは雪のおかげともいえる。ウサギの〝忍び猟〟、これは雪を利用したマタギの知恵だ。

樹氷といえば山形県の蔵王が有名だが、森吉の樹氷もなかなか見事である。特に山頂に広がる光景は素晴らしい

マタギと犬とキノコ採り

マタギ犬の謎

古めかしい装束に身を包んだマタギが犬と連れ立っているイラストを時折見かける。いかにも山猟師と猟犬といった感じである。ところが私が経験した範囲ではマタギが猟に犬を使うことはない。熊もウサギも猟には犬を使わないのだ。使うとすればヤマドリなどの鳥猟の時に使う程度であり、これはマタギ以外の猟師も同じである。

「犬？　犬は猟に使わねぇなあ。熊猟は犬がいたら無理だべぇ」

どのマタギに聞いても同じ答えだ。他の地域ではシカやイノシシを追い出す勢子の役目を犬が行う。もちろん人間もハンドラーとして犬をコントロールしながら獲物を追っている。俗に〝一犬、二足、三鉄砲〟と言われるくらいに、犬＝勢子は重要だ。この時にたまたま巻のなかに熊がいて、それが犬に追われて木に追い上げられることがある。こうして結果的に犬が絡んで熊が獲れる場合はあるが熊を狙って犬を使うことはほぼないのだ。それなのになぜ熊撃ちの代表のようなマタギと犬がペアになっているのか不思議である。

唸る犬

打当マタギの進さんと以前マイタケを探しに行ったことがある。進さんは、普段、山に入るときは必ずといってよいほど相棒を連れていった。その相棒とはビーグル系の雑種のケンタ君である。当時ケンタ君は11歳、進さんも71歳、そしてボロボロの私と老々コンビで山へと向かった。

「ケンタ－ッ！　あんまり先さいぐんでねっ！」

薄暗い林道で軽トラックから降りたケンタ君は知った道とばかりにさっさと行く。マタギの刃物、ナガサを腰にまといながら進さんは叫んだ。

「昨日よ、ケンタと山さ行ったんだぁ。そんときにケンタが足さ少し痛めたみたいでな、あんまり歩けねえんでねえかな」

進さんはケンタ君の足を心配しながら斜面を登り始めた。

ケンタ君の指定席は軽トラの荷台。風を感じる大好きな場所だ。これで奥山までひとっ走りするのが最高

相性抜群の老々コンビ。お互いを信じて山へと入る。そのたびに絆が深まる。よい相棒だ

自然の恵みはありがたいが、そのぶん収穫量はその年の天候に左右される。特にキノコにとって夏場の高温と少雨は大敵である。この年は秋になっても気温が下がらず雨も降らなかった。地域で名人といわれる人も未だまとまった量のマイタケにお目にかかっていないのだ。

ケンタ君の足も心配なので、今日は奥山を諦めて比較的近場を探すことにする。いつもと同じように斜面を登って下りてまた登り、マイタケを探す。

「おりてねえなあ」

毎年採っている進さんのマイタケポイントにも痕跡すらない。他人に採られたのではなく生えていないのだ。

「普段なら100キロも採れるような人がたでも、今年は10キロも採れねえって。こんな年も珍しいもんだぁ」

半ば諦め気味で沢に下りた。色づき始めた広葉樹の屋根の中を歩くのは本当に気持ちいい。この頃からケンタ君が遅れ気味になった。先を行く進さんのあとを追いながら時々立ち止まる。

〝ウオォゥォウッ〟

妙な声で唸ると体を震わせた。斜面よりもゴロゴロの石がある沢のほうが足にはこたえるようだ。

「普段ならこんなにしてねえよ。ケンタは山に入るとすぐにどこかさいってしまうんだ。さんざん山んなか走り回って、時々オラん所さ顔見に来るんだよ。そしてまたいなぐなるんだ」

足がまともならケンタ君と進さんのツーショットは山のなかでは見られないらしい。ケンタ君には半分ビーグルの血が流れている。ビーグルといえばウサギ狩りなどで使われる猟犬だが実猟では活躍するのだろうか。

「いやあ、猟には使わないなあ。ウサギはぐるっと回って逃げる習性があるんだ。それを犬が吠えながら撃つ人ん所まで追いかけねばなんねえ。ケンタは吠えないから、どこまでウサギが来ているかわかんねえんだよ」

犬が間断なく吠え続けることでウサギを追い、そして人にその位置を知らせているのだ。これはほかの地域で見たイノシシやシカの猟の時も同じだった。

犬の鳴き声は道具であり武器でもある。ツキノワグマがまともに犬と向き合えば、犬に勝ち目はない。しかし吠えることで熊を追い出したり木の上に追い上げたりすることもできるのだ。

〝ウォォオゥオゥッ〟

ケンタ君の今日の鳴き声は情けない。可哀想なので、マイタケは諦めて帰ることにした。

ケンタ君は進さんが言うように本来は健脚である。山を縦横無尽に駆け回り、進さんの顔を時々確認しにくる。そんなケンタ君に絶大な信頼を置いている進さんが、一度だけ諦めかけたことがあるそうだ。

「途中からよ、いくら呼ばっても全然来ないのしゃ。心配でさんざん探したんだどもよ、だんだん暗くなってきたもんだから、こらあ駄目だと思って山下りたんだよ。そん時は悲しかったよ」

帰りの軽トラの中でもケンタ君のことが頭から離れず、気が気ではなかった。

しかし……ケンタ君は帰っていた。

「いやあ驚いたよ。かなり奥山まで行ったからなあ。先に帰っているとは思わねえもんなあ。逆にかあちゃんからは、あんたは何してたって怒られたぁ」

奥さんによれば、3時過ぎに隣の人と外で話をしているはるか遠くのほうから一匹の犬が走ってくるのが見えた。

「あれ、おめんとこのケンタでねえか?」

「何？　ケンタは父さんと一緒に山さ行ってるから、あんなとこさはいねぇ……」

近づいてくる犬をよく見れば間違いなくケンタ君ではないか。驚いたのは奥さんで、山で何かあったのではないかと凄く心配になったそうだ。そのケンタ君も一昨年に他界した。進さんの家ではそれ以来犬を飼っていない。

キノコはどこだ

進さんの家から打当川を挟んだ対岸に英雄さんの家がある。ウサギ狩りでお世話になった打当マタギだ。豪雪のなかを一緒に歩いたカリちゃんと今度はキノコを探すこととなった。しかし状況はあまり芳しくない。前回同様、秋になっても気温が下がらず紅葉も遅れている。果たしてキノコは採れるのか。

降ったり止んだりの雨の中、車を走らせる。昨日の天気予報によれば曇りのはずだが、まさかこのままなのだろうか。雨中の撮影は気が滅入る。

英雄さんの軽トラについて打当から細い道をくねくねと進む。すれ違う車もないまま砂利の側道へそれると駐車場に入った。ここは幸兵衛滝の入り口で、普段ならこの時季、紅葉見物の人が訪れる場所である。しかしこの天気、そして紅葉が遅れているせいで我々以外は誰もない。

「あるかなあ、かなり遅れていますからねえ」

英雄さんの言葉に少し不安を感じる。11月に入りキノコ類は本当なら終わりに近い。それが今年は遅れに遅れて、おまけに姿もあまり見掛けないらしい。カリちゃん頼むよ、キノコを探し出してね！

駐車場から出ると、まずは幸兵衛滝へと向かう遊歩道を進む。整備はされているが、一の滝あたりから結構な斜面で少し息が上がる。ここでひと休みして記念写真。カリちゃん、慣れているなあ。

森吉山周辺は滝の宝庫だ。有名無名大小さまざまな滝が無数にある。それだけ山の保水能力が高いのであろう。豪雪の広葉樹林帯はそれ自体が巨大なダムのようなものなのだ。

一の滝からしばらく登ると森のなかへと進路を変える。この頃から雨は間断なく降り続く。

〝天気予報、当たらないじゃないかよ！〟

ぶつぶつ文句を言いながら英雄さんのあとを追うが、とにかく歩きにくい。大量の濡れ落ち葉のせいで長靴のピンスパイクが効かず、滑る滑る。特に倒木の上はコケもあって、かなり危ない。

深い霧がいきなり辺りを包み込んだり、木の上から雨粒がぼたぼたっと落ちてきたりと、撮影するにはかなり厄介だ。カメラをカッパで守りながらの上り下りは気も体力も使う。これで大物のマイタケでも採れれば苦労するかいもあるのだが。

結局、午前中はブナカノカとサモダシを少し採っただけである。ブナカノカは真っ白の綺麗な姿で迎えてくれた。私はこのキノコが大好きだ。採集したらぎゅっぎゅっと絞って仕舞うのが特徴で硬いスポンジのようだ。これを肉を合わせて煮付けにすると最高！　肉の旨味を吸ってまるで肉のような食感になる。肉類なら何でもよいが、阿仁地区ならではといえばナンコ（馬肉）ではないだろうか。

サモダシは比較的どこでも大量に採れる入門編のようなキノコで、その割には食べごたえがある。一番単純なのは味噌汁だ。ナメコほどではないがぬるぬる感がありおいしい。酢の物や和え物にも使われ、ざりざりとした感じの独特の歯ごたえが楽しいキノコだ。

幻の道路

午後からは場所を変えて再びマイタケを探す。側道から戻るとさらに奥を目指した。途中から通行止めの看板をよっこらしょっと持ち上げて進むが、これが驚きの道路である。それまでのすれ違いも大変な林道から一変、大型バスでも余裕で走れる片側一車線の豪華な道になったのだ。これは一体？

「この道はずーっと玉川温泉のほうまでつながる予定であったんですよ。一部だけできてバブル崩壊とかあったでしょ。それで中断したんです」

山のなかに突然現れた道路があまりに立派で唖然としたが、これが捨て置かれていると聞いてさらに驚いた。

少し走った所で、マイタケ探しに今度は谷沿いへと下りていった。この谷に架かる橋がまた凄い。かなりの高規格で非常に立派なのだ。そして橋の四隅に設置してある銅像を見て驚いた。それは古のマタギと犬が共に歩く姿である。マタギが銃を担いでいることから、猟へ向かう姿であるのは間違いがないだろう。あれほど犬は熊猟に使わないというのになぜマタギと犬の姿がセットになっているのか、まったくもって不思議だ。橋の完成が平成5年の10月となっているから、もうかれこれ20年近く放置されていることとなる。

この橋の先にはまた凄いものがあった。それはピカピカのトンネルだ。車が通っていないからまったく汚れていない。まるで完成したばかりのような佇まいである。カーブしたトンネルにはもちろん電灯はついていないが、ライトの当たる側壁は白くて明るい。天井も高くてこれまた高規格だ。トンネルを抜けると道路の案内板が支柱の根本から倒れていた。これだけが20年も放置された証のように見える。

結局午後からは何もめぼしいものは見つからなかった。一向に降り止まない雨に濡れながらの山歩きは決して快適ではない。しかし同じように濡れながら喜々として歩くカリちゃんを見ると先ほどの答え、つまりなぜマタギと犬がセットで描かれるのかがわかるような気がした。進さんとケンタ君、そして英雄さんとカリちゃんはお互いに信頼しあって行動を共にしている。おそらく昔のマタギは山へ入る時にはいつも犬を連れ、銃も持って入ったのではないか。もちろん熊猟には使わない。キノコや山菜などを探しながら撃てる獲物がいれば、いつでも撃ち止めたのではないかと思う。狩猟法も定かでない時分は、獲物の制限も猟期も関係がない。マタギは真に自由に山で猟をしたのである。その時に犬を共にしたマタギたちも少なからずいたのだろう。カリちゃんとのウサギ狩りでもおわかりのように、決して犬が邪魔になるとは限らない。気の置けない相棒と山を歩くのは楽しいことだし、何かと役に立ったのではないか。そう考えれば、古式ゆかしいマタギと犬がセットで描かれ続けた理由もそれが当たり前の姿ということなのだろう。

キノコ採りと遭難

阿仁の山々は見た目には優しく見える。特に高山地帯でもなく、ガレ場の続くような難所もない。ところが実際には毎年のように行方不明者が出る結構危ない山なのだ。

「秋に遭難したらまず見つからねっ。この辺りはそんな人がたくさんいるんだぁ」

阿仁の人にとっては常識らしい。秋に遭難すると、そのまま山の深雪に半年間埋もれてしまう。春先には雪は固まり、斜面や沢筋を雪崩となって動いていく。遺体はこれでかなりのダメージを受ける。そして雪が解ければ山の獣に持ち去られてバラバラになってしまうのだ。こうしてほとんど何も手がかりが見つからないほどに雲散霧消する。もちろん地元民はほとんど事故に遭わない。行方不明になるのはたいてい秋田市内やほかの地域からやってきた人だ。

マタギのフィールドはキノコの宝庫である。マイタケを筆頭にブナカノカ（ブナハリタケ）、サモダシ（ナラタケ類）、ナメコ、シメジ、ヒラタケ、ススタケ（シシタケ＝コウタケ）、トンビマイタケとさまざまな種類のキノコがたくさん採れる地域なのだ。阿仁がキノコの宝庫なのは県内では有名で、毎年季節になれば大勢の人が連日押し寄せる。特にキノコの当たり年ともなれば、帰る時間も忘れて目の色も変わるはずだ。これが実に危ない。先に述べたように森吉山周辺には大小無数の滝がある。暗くなって道に迷い沢筋に下りる。そこで滝に滑落すると命取りだ。道に迷った時の対処法をマタギに聞いたことがある。

「尾根筋に登れ。そうすれば自分が今どこにいるのかがわかっから。この辺りで沢に下りちゃなんねぇ」

沢伝い、川伝いに行けばとりあえずは何とかなるような場所ではないらしい。

比立内の隆憲さんはマイタケ採りの名人である。彼の場合、仕事があるので日中はマイタケ採りに歩けない。そこで採集に動くのは何と夜。ヘッドライトの明かりを頼りに暗闇のなかでマイタケを探すのである。これはさすがに超ワイルドではないか。迷いはしないのだろうか。

「時々迷うよ」

いとも平然と言い放つが、その時はどうするのだろうか。

「動かねえことだね。そのまま朝になるのを待つの。明るくなれば自分がどこさいるのか

真っ白のブナカノカ。これは小さなほうで、もっと大きくて群生していると非常に美しい光景が展開する。ブナカノカをぎゅっと絞ると水がドボドボと流れ落ちる。これがこのキノコの特徴で絞ってもかなり重い

顔を出したばかりの天然ナメコ。もう少したてば一気に大きくなるはずだ。これも貴重な山の恵みである

かなり傘が開いた状態のナメコ。知らなければナメコと思わない人もいるだろう。しかし味は問題なしだ

がわかるから、そしたら帰ればいい」

これは確かに正解ではあるが、真っ暗な山のなかでじっと朝を待つのはかなりハードなことである。

「昔マイタケ採りにいってかなり採ったんだよ。やれやれって大きな木の下で一服してたんだ。そうしたら頭の上からボタボタボタって何かが落ちてくるんだよ。これが熊のウンコ。上見ないようにそうっと逃げたぁ。あんときは怖かったぁ」

隆憲さん自身は猟はしないが、代々の比立内マタギの家系である。山を知り尽くしているからこそできる技なのだ。

数年前に安の滝へ向かう途中の山でキノコ採りの人が遭難したことがある。秋田市から来た男性ふたり連れで、よくキノコ採りには来ていたそうだ。林道に車を置いたまま行方不明になり打当の進さんたちが捜索にあたったが、とうとう冬までに手がかりは見つからなかった。内陸線の駅や温泉施設などに行方不明のビラが貼られて、家族も春先から毎週末探しにやってきた。そのたびに打当のマタギたちが協力していたが、結局、今に至るまで何も見つかっていない。

最近の話では宮城県から夫婦でキノコ採りに来た人があった。彼らも阿仁の山へは何度も足を運び、キノコを採っているベテランである。10月の末に山へ入りブナカノカの大群生に辿り着いた。あまりの量の多さに喜んで持ち帰ろうとしたが、帰路ご主人が動けなくなってしまった。このままではどうしようもない。そこで奥さんがひとりで助けを求めて山を下りることに。地元の人数人を連れて戻った時には、ご主人はすでに事切れていた。山のなかで横たわるご主人は大量のブナカノカに埋もれるようにしていたそうである。暗い山のなかで真っ白のブナカノカに埋もれて死ぬとは。

〝願わくば　花の下にて春死なん　その望月の如月の頃〟

まさかそのような気になった訳ではあるまいが、大量のブナカノカを得た喜びのなかで静かに息を引き取ったと思いたい。このあと、遺体と一緒にブナカノカも下ろされて、協力してくれた人たちに分けられたそうだ。人が亡くなってキノコどころじゃないだろうと考える方もあるかもしれない。しかし、まさに命がけで得た山の恵みを粗末にしなかったことはひとつの供養である。

広葉樹の深い森は、よく命あふれる場所と表現される。確かに菌類や微生物、小動物から猛禽類、多種多様の植物群が繁茂する森は生命そのものだ。しかしそれと同じ数の死があるのもまた事実。命生まれる森は命の消え去る森でもあるのだ。

人は自然の一部である。そして必ず死ぬ。広葉樹の森という命の循環のなかで静かに息を引き取ることはあながち悲劇とはいえないのかもしれない。

キノコは大切な資源

キノコの種類は日本中で4000種とも5000種ともいわれるくらいに多い。そのほとんどは食べられるそうで、毒キノコのほうが圧倒的に少ないらしい。ただしそれは害がないというだけだ。味の良し悪しとはまったく関係がない。

阿仁でマタギたちが採るキノコは限られた種類だけである。マイタケやブナカノカ、サモダシの類がメインで、これらは大量に採れるものばかりだ。キノコ好きの食通が珍重するようなアミガサタケやトリュフには基本的に興味がない。たくさん採れなければマタギにとっては食料としての意味をなさないのだ。1本や2本程度美味なキノコが採れても、それで冬は越せないからだ。

阿仁でのキノコの食べ方は基本的に汁物や鍋物、煮物の類が多い。どちらかというとシンプルな料理である。

天然マイタケは採りたてをホイル焼きにすればスパイシーな香りがしておいしい。これも実にシンプルである。もちろん秋田名物キリタンポにどっさりと入れれば贅沢な料理にもなる。ふわっと上がる湯気とともに鼻に入る香りは本当に素晴らしい。この香りはマイタケ類独特で、夏場に採れる早生のトンビマイタケもよいキノコだ。これは乾燥してお茶にするとかなりおいしい。またトンビマイタケは、塩蔵品でも道の駅に大量に出回っている。値段も手頃でありがたいキノコである。しかし最盛期の天然マイタケはさすがにこうはいかない。水煮缶ひとつに1000円を超える値段がつくし、生の大物は数万円で取引されるから普通は手が出ない。天然マイタケは松茸とはまた違う高級キノコである。採れたては生で楽しみ、残りは塩蔵や乾燥して長期保存、または販売する。こうして森から得た大量のキノコはマタギたち山の民の大切な糧となったのである。

ナンコ（馬肉）とブナカノカの煮込み。味をよく吸うブナカノカは硬めの高野豆腐といった感じで面白いキノコだ

最もシンプルな料理はナメコの大根おろし和え。つるんと一気におなかまで流れ込む

これぞマイタケ山盛りの元祖マタギキリタンポ鍋。マイタケの下にはたっぷりの具が隠れている絶品の鍋である

原木ナメコは貴重な現金収入でもある。ご当地の阿仁味噌でつくるナメコ汁は寒い季節には最高のご馳走だ

食卓を彩る旬の山菜

阿仁三大山菜を探す

阿仁の道の駅では、山菜とキノコの時季は特別な活気があふれる。特に山菜は長い雪の時季を過ぎ本格的に春を迎えた喜びと山の食べ物が顔を出し始めたうれしさで華やぐのだ。九州出身の私には山菜は縁遠い食材だ。たまに食べるのは山菜そばに入っている毒々しい色で味のない山菜である。あれを食べて山菜がうまいと思う訳がない。世の中に山菜好きの人がいるなんて信じられなかった、阿仁へ行くまでは。

5月も半ばを過ぎれば阿仁にも新緑の季節がやってくる。田植えの時季であるが、沢の上流にはまだまだ雪渓がでんと残ったままだ。そんな遅い阿仁の春、根子の弘二さんと孫沢上流部に絶品の山菜を探しに行った。

山菜といえば誰もが知っているのはフキノトウである。これは比較的早く顔を出し、子どもでも簡単に採れる。家の横や田んぼの脇にもたくさん出ている。蕗味噌にするとご飯が一段と進んでおいしい山菜だ。しかし阿仁ではこんなものは前座みたいな存在。山菜の範疇にも入らない。すこし遅めに出るタラの芽やコシアブラも大切だが、それでも小結クラスだ。

淡い新緑のなか、急斜面を登っていく。まだ肌寒いはずだが体はかなり熱い。遠くの山にははっきりと雪が見える。ブナの葉もまだ小さく、その間から山肌がちらちらと垣間見える。

これから探そうとしているのはホンナ、シドケ、アイコといわれる山菜で、これを食べなければ春が来ないという大事な食材だ。ホンナの標準和名はヨブスマソウ、シドケはモミジガサ、アイコはミヤマイラクサ。このようにキノコや山菜そして地の魚は地方名が使われる場合が多い。一例を挙げれば、長崎県のアラカブは島根県ではボッカといい、一般的な名称はカサゴである。

淡い緑に紛れながら山を歩けば、だんだん荷物が増えていく。山菜は森の下草の中に群生している場合が多いからその場所にいけば一気に採れるのである。

「ああ、それは素手で触らないほうがいいよ」

弘二さんに注意されたのはアイコだ。標準和名ミヤマイラクサの名のとおり、よく見ると細かなとげがびっしりと生えているではないか。これが肌に付くといつまでもちくちくとイラつくからイラクサなのだ。

「あそこにシドケがあるなあ。おらが採ってくるから」

そう言うと弘二さんは急勾配の砂地斜面をすすっと登っていく。目を凝らしてもどこに何があるやらさっぱりわからない。またこの斜面が崖に近い角度で、試しに登ろうとしたがほとんど蟻地獄状態である。そこを普通の長靴ですするすると移動しながら収穫をするのだから驚きだ。なぜあそこで自由に歩けるのだろうか。

「ああっ？　それは足の裏全体で踏んでいけばいいのしゃ」

意識もしないでできることを解説するのは難しいだろう。

以前、弘二さんと奥山までマイタケを採りにいった時も同じだった。砂地の急斜面を弘二さんがするすると渡り、そのあとについて私が二歩三歩と足を進めた。ところが、私では渡るどころかまったくストップが利かないのである。ずるずると滑り落ちる。あのまま弘二さんが手を貸してくれなかったら沢へ転落だった。あのときも不思議に思った。なぜここを真っ直ぐに渡れるのか。

「おらがマタギになった時に山を教えてくれた人がいてな」

この弘二さんの師匠は有名な人で、この人が厳しかったそうである。

「こんな芝草一本よ」

弘二さんが示したのは小指である。とんでもない崖を登る時に小指程度の草でも体を任せてよじ登る。それができてこそのマタギだと体で教わったのだ。

「おっかねえなんてもんじゃねえ。そっからこんな屏風みたいな所を渡っていくんだぁ」

想像もつかない話である。

マタギ山菜料理

ホンナにアイコ、シドケ、アザミ、山ウドとたっぷりの山菜を抱えて山を下りる。朝からしっかりと運動をしておなかが気持ちよく減ってきた。せっかくだから途中の沢で軽く腹ごしらえをすることになった。

今回は弘二さんがリーダーを務めるマタギ自然塾の方々にも参加していただいて、まずは下ごしらえ。実は山菜もキノコもこの下ごしらえが結構な手間なのだ。山菜は食べられない部分を取り除き、4～5センチの長さに折りつつ皮を剝く。これを大量にやるのは根気のいる作業である。キノコも同じで、軸の部分を外してゴミを取り除くのはかなり面倒、特にナメコは葉っぱや泥がくっついているから厄介だ。

それに比べれば、アザミや山ウドは比較的楽な処理で済む。ナガサでポンポンと切ってそのままホイルに包んで火にくべればよい。ホイルを開いた時に湯気とともに立ち上がるウドの香りの素晴らしいこと。これに味噌を付けていただけば、ほくほくの山の貴婦人といった感じである。ただ、焼き過ぎて駄目にしてしまう可能性が高いから要注意だ。

山菜の下ごしらえが済んだら調理開始。沢の水を汲んでいつものマタギトライポッドでお湯を沸かす。そこへ採りたてのホンナを入れてさっと湯がくと鮮やかな色に変身する。これがまた輝くようで、ああ春だなあと目が喜ぶのだ。

ホンナ、アイコ、シドケとそれぞれに湯がいて口に放り込む。ああ、アイコが一番口当たりがよいかなあ。ホンナはそれに比べれば少し癖がある。シドケは最もアクが強い。一番シンプルな味わい方を試したが、個人的にはシドケの味がこの季節にはもってこいに感じる。大人の味だ。アイコも油で炒めて味噌を絡めるとこれが絶品。素晴らしくおいしい。それぞれをおひたしにして食べてみたが、どれも春告げの食材にふさわしい。ほかにもコゴミ、ワラビ、ゼンマイと何でも採れるが、個人的にはあまり興味がわかない。勝手に決めつければホンナ、アイコ、シドケが阿仁の三大山菜だ。

馬肉と山菜

山菜と肉は実に相性がよい。アイコと熊そしてゼンマイと熊の鍋は素晴らしい味だ。山

新緑に覆われた沢に残る雪渓。ここからわき出る冷気は沢伝いにかなり下まで流れてくる。空気がふと変わるのでその存在に気づく

弘二さんと山菜を探すマタギの弟子探検隊。こういう所に行けるのもマタギという山を知り尽くした最強のガイドがいればこそである

最も有名な山菜のひとつ、フキノトウ。東北ではバッケとかバッキャなどと呼ばれている。私が好きな蕗味噌はバッケ味噌である

これがアイコ（ミヤマイラクサ）。このとげとげをご覧いただきたい。うっかり素手で触るとしばらくはいらつくこと、間違いなし

の生き物は畑の野菜より同じ山に生える山菜と一緒にしたほうが力を発揮するのかもしれない。

阿仁では獣肉以外にも昔から馬をよく食べる。熊ではなく馬である。馬肉で有名なのは熊本だが、あちらは生食がほとんどだ。この馬刺しにもさまざまな部位があり、専用の肉屋さんがあるくらい熊本ではよく食べられている。

阿仁の馬肉食は熊本とは違い煮込み料理専門だ。精肉店やスーパーの肉売り場に行っても煮込み用の馬肉が数種類置いてあるから大変珍しい。

「阿仁の鉱山で働いていた人たちが肺の病気に効くっていうんで食べたのしゃ」

弘二さんが言うように、鉱山労働者特有の塵肺に馬肉が効果があると言われて食べられたらしい。そのほかにも、事故で死んだ馬を食べたのがその始まりだとも言われている。今ではごく普通に家庭料理として馬肉が食卓に並び、〝ナンコ〟と呼ばれている。

山菜を収穫したあと、今度はマタギのナンコ鍋を作ることにした。先ほどと同じくトライポッドに鍋をかけるが、水は入れない。弘二さんは鍋を熱するとそこへ馬肉を放り込む。そして軽く炒め始めた。以前にも熊肉で同じように作り始めたことがある。その時は軽く炒めたあとで水を入れてひと煮立ちしたら、何と、沢で洗ったのである。

「これは普通の人にはなかなかできないよ。洗ったらもったいないって言うのしゃ。でもこのほうがさわっとしておいしくなるんだよ、熊は」

収穫した山菜の山分け。食べられない部分を取り分けていくとかなり量が減る。これもキノコ同様に手間がかかる

最もシンプルでその味を楽しみたいならば、やはりおひたしに限る。醤油を垂らしただけで格別のうまさ

確かにこのときの熊鍋は実に〝さわっ〟としておいしかった。私も自宅で熊鍋を作るときはこのやり方を真似している。雑味が取れて熊の味がより楽しめる気がするのだ。この雑味こそ熊の味だという人もいるだろう。結局、味は個人の好みなのだ。調理の仕方はいろいろ試すと楽しいものである。

ナンコを炒めながら弘二さんが取り出したのはビール。もちろん先ほどから本人は飲んでいる。マタギといえば日本酒と思われがちだが、実際にはビール党が圧倒的に多い。家でも山でも田んぼでも、マタギの横には常にビールがあるのだ。

これをどぼどぼ注いで加熱してから、沢水を加えて煮込む。しばらく煮込みながらビールをぐいっ、肉は薄めなのですぐに火が通る。そうしたら処理済みのアイコを入れて味付け、そしてまたビールをぐいっ。自家製味噌と醤油を少々入れて味を調えると完成だ。

ではいただきます。煮物は何でもそうであるが、色気がない。大体は茶色系に落ち着く。ところがこの鍋は鮮やかな緑色が輝いている。普通は鍋に青物野菜を入れても鮮やかさは失われてくたくたになる。しかしこのナンコ鍋にはアイコの緑が目にも鮮やかで、実においしそうだ。口に入れればナンコの間でしゃきしゃきとした食感が際立つ。いつもながらシンプルなのに力強い山中マタギ鍋である。

ナンコ料理は今では阿仁の名産品として盛んに売り出されている。肉の煮込みやもつ煮込みが道の駅やスーパーでも買えるが、そのまま温めて食べるより山菜を加えたほうが味は引き立つはずだ。

どの家でも食べられるほどナンコは阿仁に馴染んでいるのかといえば、そうではない地域もある。

「ナンコは阿仁合で食べてたんじゃねえか。このあたりは馬が大事だから食うことはなかったなあ」

打当の英雄さんだ。阿仁の最奥の打当地区では大事な馬を食べることなどなかったというのだ。日本では昔から牛馬を農耕用に飼育してきた。主に南のほうが牛、そして北は馬である。岩手の南部曲がり家のように東北では人と馬がひとつ屋根の下に暮らした。それほど大事な存在だったのである。かんじき仙人こと打当の忠義さんの旧家は実際に曲がり家だったそうで、馬とともに寝起きしていた。

リンゴで有名な伏影集落も、その昔は馬の放牧地が広がっていた。今は集落のそばまで杉林が迫りその分、薄暗い森との距離がはるかに近くなった。

「いやあ、昔は周りが放牧地で明るかったからな。今は畑の横がすぐ杉林で、だから熊も出て来るんだよ。昔は熊なんて見なかったもんだ」

伏影でリンゴ農家を営む郷美さんだ。

その昔、阿仁合では馬の市が立った。打当からは馬を引き、荒瀬で1泊して参加したそうだ。今なら車で20分程度である。

山の忍者　ミズ

フキノトウは除雪が済んだ道の法面に比較的早く顔を出す。それから2月近くは雪解けとともに収穫が楽しめる山菜だ。しかし、それ以上の長丁場をこなすのがミズである。ミズの正式名称はウワバミソウといい、その名の由来は古典落語の『そば清』(上方落語『蛇含草』)に出てくる。人を呑んだウワバミがそれを消化するためにぺろぺろとなめる赤い草が蛇含(うわばみ)草で、ヘビが出るような湿気の多い所に生えている。実際に沢沿いに見られ、それを自宅の池の横に移植する人もいる。九州にもあるらしいが何せ山菜後進国なので誰も食べない。いや、それどころか九州ではタラの芽すら知らない人が多く、とげがあって邪魔な木として認知されている。

私が初めて阿仁でミズを食べたのは、秋口のミズノコブだ。赤黒い塊が、茹でるとさっと鮮やかな緑色に変わる。それを刻んでシソの実とミョウガで和えると、これが実においしい。刻んだミズノコブは粘りが出て何とも不思議な食感を生み出している。

このコブは秋口にかけて段々と大きくなるが、それ以外の時も、もちろん食べられる。春先のミズはホンナ、アイコ、シドケという三大王者と同じく茎の部分が鍋の材料にもってこいなのだ。ナンコや熊との相性が特によい。もともとアクが少なく万能山菜的な立場で、簡単にたくさん採れるから重宝されている。

このミズの珍しい料理を弘二さんが根子の隠れ家で作ってくれた。それがミズのタタキである。タタキといえばカツオくらいしか知らなかったが、どうやら秋田ではいろいろなものをタタキにするらしい。

まず採りたてのミズをビニール袋に入れる。この時ミズの根本（赤い部分）も入っている。そして袋の上からビール瓶でガンガンとぶっ叩く、ぶっ叩く、ぶっ叩く。

「これはしゃ、そのままだと飛び散るからビニールさ入れるのよ。でもあんまりやり過ぎると袋が破けるからな」

何かミズに恨みでもあるのかといわんばかりにビール瓶で叩き続ける。これが結構な時間なのだ。それが済むと今度は袋から取り出し包丁で叩き始める。

〝ダンダンダンダンダンダンダン〟

これまたしつこいくらいに叩く。そうするうちに淡い緑色の塊が粘り始めた。叩けば叩くほどに粘りが出るのがはっきりと見て取れる。

「人によってはしゃ、これを今度はすり鉢に入れてすったりするんだぁ」

こうして十分に粘りが出たら次は味付けである。

「ああ、ヒロッコ持ってくるの忘れたなあ。田中さん、納屋ん所からヒロッコ持ってきて」

「ぴ、ぴ、ぴろっこですか？」

「ヒロッコ、ヒロッコ、いけばわかるから」

わからない……何それは？

このヒロッコとはノビルやアサツキの類で、根の白い部分を食べる。エシャロットの小さいやつといえばわかりやすいだろう。これを刻んで味噌と一緒にタタキに加えるのだ。よく掻き混ぜればできあがり。とろとろのミズのタタキは生の山菜を使ったとは思えないアクのなさで美味である。味付けは各家さまざまで、ニンニク味噌で食べる場合もある。

春先は煮物や鍋の具材、初夏はとろっとろのタタキ、そして秋はコブが天ぷらや小鉢料理へと変身する。まさにミズは〝山菜の忍者〟である。

マタギの家の豊かな食卓

今までマタギの家で実にさまざまなものをご馳走になってきた。聞くのも見るのも初めてで驚いたり、感激したり、おっかなびっくりで口に運んだものもある。地域の特性や豊かな食文化に触れるのは実に楽しいものである。

美しいブドウ色の漬け物

漬け物は残念ながら現代の家庭での地位が低い。副食が豊富にあり、漬け物でご飯を掻き込む必要がないからだ。また食生活での減塩の流れは漬け物に風当たりが強く、その存在そのものが毛嫌いされる傾向にある。

私の初代の山の師匠である西根稔さんの家で食べて感動した漬け物がある。ブドウ漬けといってヤマブドウの綺麗な紫色が印象的な大根漬けだ。ところがこのブドウ漬け、会いたいと思ってもなかなか会えない蜃気楼のような存在である。

「ブドウ漬け？　作るけどねえ……今はないね」

みんな知っているし、どこでも食べている。それなのになぜかお目にかかれない不思議な漬け物なのだ。

「あれはねヤマブドウがないとできないし、今はヤマブドウがあんまり採れないからね」

最近はヤマブドウそのものが大量に出回らないからコハゼの実で代用して作ることもあるそうだ。

漬け物は基本的に保存食ではないのか。ましてや阿仁のように雪深く冬が厳しい所では大切な保存食のはず。ではなぜ簡単に会えないのだろうか？

自然に出会えないのであれば、これは作ってもらうしかない。そこで料理名人で知られる阿仁湯口内のイヨ子さんに頼んだ。

「ブドウ漬けは作ったら直ぐに食べてしまうものだから、そこが普通の漬け物とは違うの」

何が違うのか？　それは作り方にあった。漬け物としては、できあがるまでの時間が非常に短いのだ。わずか3日ほどで食べられる、いわば浅漬け。大根の漬け物だからてっきり樽で漬け込むのかと思っていたが違っていた。

イヨ子さんは少しできに不満があるようだが、色艶そして何より歯ごたえと申し分ないブドウ漬け。おいしい漬け物である

以前はヤマブドウで葡萄酒を作る家庭も多かったようだ。最近はヤマブドウそのものが品薄で、１０キロ単位で買う人はあまりいない

阿仁合の以前の市日。昔はかなり広くて店の数も多かったが、今は旧役場駐車場でひっそりとしている

ナニワ梅は完熟で売っている。これもアンズと見間違えた原因である。値段は高いのか安いのか不明

作り方はいろいろあるが、基本的にはごく簡単。イチョウに切った大根を塩水に漬ける。2日たったら水を捨てて、そこへヤマブドウに砂糖を加えた煮汁を熱いうちにかければよい。2~3日で色が付き、ヤマブドウの酸味が絶妙のブドウ漬けが完成する。漬け物といっても発酵させる訳ではないので長持ちはしない。できあがったらさっさと食べてしまうのだ。どおりでなかなか会えなかったはずである。打当の進さんの家ではブルーベリー漬けをいただいた。コハゼの実も手に入りにくいので最近はこのようにブルーベリーで漬ける家もあるそうだ。

大根は煮物にしてもほかの素材の味を受け継ぎ、いつの間にやら主役の座を奪ってしまう。このブドウ漬けもヤマブドウから山のエキスをたっぷりといただいた大根がすっかり山の味になっていた。

巨大な謎の梅

阿仁のみならず、東北地方に行くとお茶受けに赤い梅のようなものが出てくる。梅のようだがかなり大きいし、スライスされたそのものが硬い。パリパリという歯ごたえで酸味はあまりなく、塩分が強い。本当に昔ながらの正しい漬け物といった感じだ。この梅のようなものは一体何なのか?

ある年の梅雨時分、阿仁合の市日を覗いた。阿仁合は4の付く日が市の立つ日で、今は旧阿仁町役場の駐車場が会場である。私はどこに行っても市場を必ず眺める癖があり、このときも知った顔のお店をのぞいていると巨大な梅が目に入った。いやこれはアンズかな？

「これは梅だよ。ナニワ梅っていって、この辺じゃ梅漬けを作るんだ」

梅漬け、そうかそれがあの謎だった漬け物のことに違いない。話を聞けば間違いなくあの赤い巨大でパリパリした漬け物のようである。しかし、ナニワ梅のこの大きさは凄い。調べるとアンズにも近い種類で、ナニワ梅という名前の割には青森で栽培されている。

作り方をイヨ子さんに聞いたところ、3日3晩干して塩漬けにするそうだ。話だけ聞けば梅干しのようであるが、できあがりはまったく違う。

「昔はこの時季になれば10キロ以上買ってたくさん漬けたもんだよ。今は漬ける人もいなくなったもんなあ」

市でナニワ梅を売っている八百屋さんである。

昔はお茶の時間といえば漬け物が欠かせなかった。ご飯が済んだあとに、仕事の合間に、そしてお客さんが来ればと、しょっちゅうお茶の時間があった。そしてそのつど漬け物が出てくる。このナニワ梅は大事なお茶の友だったのである。それが最近は家族も少なく、子どもや若い人はこのような塩辛い漬け物を好まない。元気な年寄りが細々と作っているだけで廃れる一方なのだ。

この時、同じ市に出ている魚屋さんの店先で〝塩クジラ〟という珍しいものを見つけた。

「これはベーコンですかね?」

「いや、塩クジラだ。ベーコンじゃねえ」

塩クジラ、そういえば昨日泊まった宿の晩ご飯で出たのはこれに違いない。小さな薄片が汁に入っていた。

「ああ、そうそう、それだよ。塩クジラは」

ほんの少ししか入ってなかったけど……。

「んだ、あんまり食べるとは、おなかがピーになるんだぁ」

脂身がほとんどの塩漬けなのでおなかが下るのか? それなら熊の脂身も同じである。

マタギの乾し餅

寒さを利用した食品といえば、凍みこんにゃくや凍み大根が思い浮かぶ。いずれも今でいえばフリーズドライ製法で、凍てつく寒さのなかで作った食品である。

マタギの里、阿仁にも寒さを利用した乾燥保存食がある。それがマタギ乾し餅だ。寒風に晒すことで乾燥し、長期保存が利くマタギの乾し餅は古のマタギにとっては大事な携行食品だった。

「これをかじって沢で水飲めば腹で膨れるからな、それで山の中でも耐えられるんだ」

もともとが餅だから栄養価も十分で高カロリーだ。それが非常に小さく軽くなっているのだから持って歩いても苦にならない。これは優れた携行食品だろう。

打当の釣り名人・良一さんの奥さんである睦子さんがこの乾し餅作りの名人だと聞いて、見せてもらうことにした。時季は1月の半ば、まさに寒の最中である。

「昔はどこの家でも作っていましたね。蔵の上の階にずらーっと干してあって、5月くらいまではぶら下げてたからね」

この乾し餅は子どもたちにとっても大切なおやつだった。

「下のほうから乾し餅を抜いてね、それで食べてたの」

イヨ子さんである。

藁やスゲを使い、編むように吊す乾し餅の作り方は普通の餅とは少し違うようだ。まず餅をつくときの水分が多めである。蒸かした餅米にお湯をかけて柔らかめでつく。それに小豆やカボチャ、シソ、紫芋などを混ぜ込む。このときさらにお湯を加えてゆるゆる状態にする。

この柔らかめの餅を型に流すように入れて、固まるのを待つ。固まったら切り分けてスゲひもで編むようにして挟むのだ。しかし大変なのはここからで、一旦水に潜らせてから

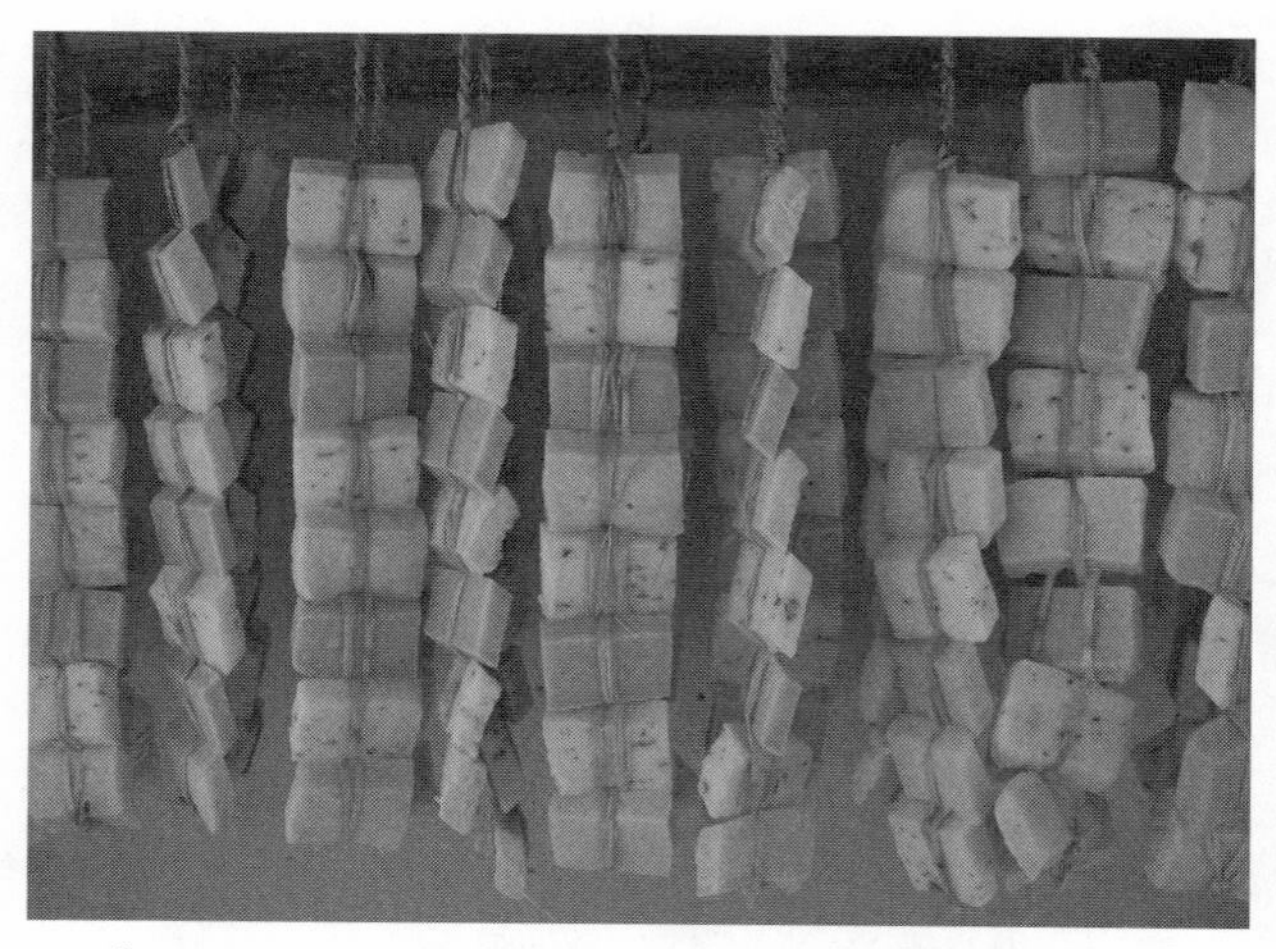

ずらりと並んだカラフルな乾し餅。このあと室内に移されて最終乾燥に入る。これも手間暇かけた郷土の大切な食なのだ

2度3度と吊す場所を変えていき、1カ月近くかかってやっと完成するのである。

できあがった乾し餅はそのままかじってもよいが、油で揚げるとおかきのようで誰もがおいしいという食べ方だ。

「乾し餅は欠かせない食べ物だったねえ。どこさの家でも吊してあったから。今は入れ歯にくっつくからお年寄りでも食べない人がいるの」

雪景色のなかで色を添えるようにぶら下がる乾し餅。たしかにそのような場面はあまり見なくなった気がする。

寒さ利用といえば、イヨ子さんは子どもの頃、雪に塩をかけ凍らせておやつ代わりにもしたとか。

「昔は車も走っていないし、空気が綺麗でおいしかったのよ」

寒さとともに生きることは寒さを楽しむことでもある。些細な楽しみでもないとやはり生活はつまらない。

里のいろいろなたんぱく質

マタギと川魚は深いつながりがある。旅館こと比立内の松橋時幸さんのお父さんは、サクラマスの刺身にあたってそれが原因で亡くなったと聞いた。やはり淡水魚の生食は怖いと思うのであるが、結構地元の人は食べている。私も弘二さんがさばいてくれたマスを刺身で食べたことがある。

「春先のマスは大丈夫だぁ」

こう言われたが内心は少しびくびく。

打当では沼エビを踊り食いしたが、これはかなり怖かった。しかし結局全部食べた。器の中で泳ぎ回る沼エビをどぶろくの中に落として食べたのだが、おいしいのかどうかよく味はわからない。イワナも刺身や輪切りで和え物にして生食しているが、これも不安である。

新鮮なものは生で食べるのが一番の贅沢という考えは日本中にあるようだが、本来、生食に向かないものまで食べるのはかなり怖い話である。余談であるが、私は真夏の出雲地方で用水路のフナを刺身で食べたことがある。真夏の用水路のフナ、口に入れたら温かかった。

古のマタギは山の獣で食べないものはほとんどなかった。すべての生き物が山の神からの授かり物だったからだ。今では獲れないニホンカモシカも食べているし、猿やカラス、タヌキも例外ではない。タヌキに関しては日本中であちこちの猟師に聞いたが、8割は臭くてまずいというのだ。しかし残り2割はおいしいという。一体どちらなのか。

「タヌキはよ、真冬になれば脂がついてな、そうすればおいしくなるんだ」

弘二さんのマタギ秘密基地にある池で釣り上げたコイ。
お盆にはイワナやマスの釣り堀として楽しめる

釣りたてのコイを弘二さんが手早くあらいにしてくれた。
これがまた大変においしくて、昼間からビールが進む

比立内の正一さんだ。

脂が付くとタヌキ特有の臭気が消えるそうで、その時季がタヌキの〝旬〟だというのだ。テンは毛皮を取るのが狙いだが、やはり食べたそうである。ただしあまりおいしくないし、食べる部分も少ない。

阿仁を歩いていると、ここはヘビが多い所だと思う。至る所でヘビを見かける。沢が多く、湿った場所も多いからだろうか。とにかく生き物全般の数が多いから、ヘビだけが特に多いのではないのかもしれない。

梅雨時、雨の夜に車に乗っているとタイヤの下からプチプチプチプチ音が聞こえる。もちろん誰かが道路にプチプチを敷き詰めている訳ではない。その音の正体は道路に無数に跳び回る小さなカエルなのだ。これが行けども行けどもどこまでも道路中を跳び回る。走れば走るほど、プチプチプチプチプチプチ。可愛そうだが避けられる訳もなくプチッ！

翌朝、雨も止みすっかり乾いた道路を走って驚く。カエルがどこにも落ちていないのだ。あれほど昨晩プチプチと軽快に踏んでいたはずなのに、足一本さえなく一切の跡形も残っていない。星の数ほど潰れたカエルはどこへいったのか？　おそらく小動物や鳥に片づけられたのであろう。それほど阿仁の山は生き物が多いのだ。

阿仁でカエルはもちろん食べないが、マムシは食べる。好きな人は多いらしい。打当の英雄さんも干したマムシを数本必ず家に常備してある。

「田植えの時季は爺ちゃん、婆ちゃんが毎日飲むんですよ」

捕まえたマムシの肝はそのまま食べることもあるそうだ。私も乾燥したマムシの肝をいただいたが、これはいつ飲むのがベストなのか正直わからないのである。

阿仁のように生き物の数が多い場所はそれだけ食物連鎖のピラミッドも大きい。ではマタギはその頂点にいるのだろうか。答えは否である。ピラミッドのどこにも入ってはいない。ピラミッドすべてから少しずついただき命をつなぐ。あえて言えば環境も含めたピラミッドそのものが山の神で、その庇護のもとでマタギはマタギでいられるのだ。

山の恵みで健康に

秋田県はお茶の北限をはるかに超えている。このような地域では昔から山野草をお茶にする傾向が強い。それはひと休みのお茶でもあり、日常の健康飲料でもあった。

最近、阿仁で注目されているのがクロモジ茶である。クロモジとは和菓子などで楊枝としてつけられているアレだ。地元ではトリキシバと呼ばれ、マタギにとっては非常に大事な木である。

「トリキシバは雪崩が来るような斜面の所さ生えてるの」

打当のかんじき仙人こと忠義さんだ。

落ちたばかりのトチの実はそのままでも食べられそうなくらいに艶やかで美しい。私が大好きな理由はこの輝き

白いクリスマスツリーのようなトチの花。大きめの塊で遠目にも鮮やかだが、派手さはほとんどない

比立内の蜂仙人、洋一さんが絞ったトチ蜜。周りの山から集められたトチ蜜は、故郷の森の味なのだ

ほぼ横に生えるクロモジ。これで豪雪をやり過ごすのだから、タフで柔軟な素材であることがわかる

かんじき仙人の大ヒット商品。クロモジ茶。最近は類似品が多く出回るようになったが、阿仁のパイオニア的存在である

かんじき仙人の工房。打当地区の入り口にあり、この前を通らないと温泉には入れない。関所のような存在でもある

忠義さんが言うように、クロモジはほかの植物が生えにくい場所にもしっかりと根付く。硬雪に覆われても流されずに耐える強さとしなやかさを兼ね備えているのだ。それがマタギたちの目に留まり、かんじきが作られた。新雪から湿った硬い雪まで山を縦横に駆けるマタギの足をしっかり確保するのに最適の材料だったのである。

私は各地でいろいろなかんじきを見てきた。材料も用途もさまざまで、地域の特性がかなり色濃く出る道具である。もともとかんじきは自分の足に合わせて作るものだ。それもいつしかできのいいかんじきを作る人に頼むようになり、かんじき仙人が生まれた。

そんな忠義さんがかんじきを作り始めて直ぐに思いついたのがお茶だった。

「かんじきにできない細いところや枝の部分を何か使えないかなあと思ってな」

捨てる部分を有効活用しようという発想から生まれたのがクロモジ茶だ。細かく刻んで乾燥してさらに粉砕して作られる忠義さんオリジナルのクロモジ茶の評判はすこぶるいい。薬事法の関係で何に効くと効能はうたえないが、膝や内臓関係をかなり元気にすることは間違いない。山にあるものをすべて有効活用する知恵は、1+1を3にも4にもできる。表面だけを見て判断するのではない多層的な観察力と行動力の産物ではないだろうか。

阿仁で食卓に上らないもの

ほかの山里ではよく食べられるが、阿仁では食べないものがある。それはトチの実だ。作るのは面倒だがトチ餅は山里の大切な食料と認識していた。それが阿仁では食べないのである。トチの巨木が多くある山なのに不思議だ。ただトチの花がもたらす芳醇なトチ蜜は採取されている。

阿仁は鉱山跡地特有のニセアカシアも多い。ニセアカシアの蜜は透明感があり、さらっとしている。トチはそれに比べれば色が濃く濃厚な感じで、私の好きな蜂蜜だ。このように蜜は採るが実は採らないのが阿仁のトチである。

もうひとつ食べないもの、それは昆虫だ。イナゴや水生昆虫を食べる中部地方の山里、そしてお隣の山形県も結構食べるらしいが、阿仁ではまったく食べないのである。

「秋田でも県南のほうは食べるみたいだけど、ここは食べませんね。私も食べたくないし」

イヨ子さんである。似たような環境でも食材として利用したものとしないものがある。なぜそうなったのかよくわからない。不思議なものだ。

マタギが行商で生み出した食

行商人・マタギ

マタギは山猟師であると同時に商売人でもあった。山で手に入れた獲物から商品を生産して売り歩く。これは今でいうところの6次産業化である。

売薬の行商は昔から有名ではあるが、各集落で組合を作って組織的に行われるようになるのは近代になってからだ。製薬会社から薬の材料を仕入れて作った商品をマタギの薬として売り歩いた。これは富山や越後の薬売りと同じく、雪深い日本海側に多く見られる形態で、冬場の出稼ぎでもあった。この行商はマタギの集落にいろいろなものや情報をもたらしてきたのだ。

マタギ集落は阿仁川流域に点在している。米代川につながる阿仁川の上流部は比立内川と打当川に分かれそれぞれにマタギ集落がある。根子集落は同じく支流の孫沢沿いだ。根子集落とは阿仁川を挟んで対岸に位置するのが伏影地区である。根子の弘二さんや亡くなった鍛冶屋の西根稔さんの猟仲間である伊藤郷美さんは、ここでリンゴ園を営む7代目のマタギだ。

マタギとリンゴ

「いやあ、前はマタギの道具が家さいっぱいあったんだ。それが火事でなんもなぐなってしまって」

赤く色づいたリンゴ畑のなかで郷美さんが収穫の手を休めて話してくれた。伏影のリンゴは明治期に栽培が始まった日本でも古い生産地である。一時季病気で途絶えた時季もあるが今も阿仁地区唯一のリンゴ産地だ。ここへリンゴを持ち込んだのが実は伏影のマタギだった。

「青森のほうさ行商へ行ったマタギがリンゴの苗木を持って来たんだ。ここはあんまり土地がよくなくてな。伏影じゃなくて〝ふしから〟リンゴとか言われたよ」

〝ふしから〟とは地元の言葉でよくない意味の〝けっから〟をもじって揶揄された呼び名

である。

明治期に始まった伏影リンゴも、今では改良を重ねて地元の名産品になっている。郷美さんの家ではリンゴを使った加工品を開発し、焼きリンゴの缶詰やシロップ漬けが人気商品だ。伏影のマタギにとってはリンゴも先祖から受け継いだ財産なのである。

「昔はな、父ちゃんがブッパでおかあちゃんたちが勢子やったこともあってな。熊獲れたらうれしかったな、ひとりあたりの量はすぐねどもな。ウサギが獲れたらまず耳を焼いて食べたもんだ。香ばしくておいしかったよ」

ウサギの耳が子どものおやつ代わりだったようだ。

郷美さんは中学の頃まで小遣いなど貰えなかったそうで、何よりの楽しみが行商帰りのお土産だった。

「東京のほうさ行った時は漫画とか雑誌を買ってきてくれて、それが一番の土産だったもんなあ」

行商は当時先端の情報を阿仁へもたらす役割もあったのである。

大人気のバター餅

打当の英雄さんと山へ行くと、毎回昼の休憩時間にいただくものがある。それがバター

たわわに実る伏影リンゴ。これを食べる頃には少しずつ冬が近づいている。リンゴの赤は雪の前触れでもある

大人気で品切れになったこともあるバター餅。今や阿仁の定番人気商品で、類似品も多く出回る

餅。近年よく見かけるようになった食品で、餅にバターや砂糖を混ぜ込んだものだ。氷点下の山中でも硬くならずに腹持ちがよいため、猟に行く時に持参するマタギも多い。民放テレビ局のバラエティ番組で紹介されて人気が爆発した。

「あの放送の次の日から凄かったですよ。行列ができてすぐ売り切れちゃって」

道の駅阿仁で働く打当の哲子さんが当時の騒動を振り返る。ひと晩で大ブレークしたバター餅は、現在『北秋田バター餅』として商標登録されたり、『日本バター餅協会』が設立されたりしている。

ネットで調べるとマタギが昔から携行した食品と書かれている場合もあるが、少なくとも私が見聞きしたのは最近のことであり、地元民もその存在をあまり知らなかった。ある意味、謎の多い食品といえる。

バター餅作りに欠かせないのはもちろんバター。酪農もほとんど行われていない阿仁地区でなぜバターなのか。その鍵はマタギの行商にありそうだ。

「お爺ちゃんもお父さんも北海道さ行商に行ってたの。薬の代金の代わりか物々交換なのかよくわからないけど、身欠きニシンとかバターをたくさん持って帰ってね」

打当マタギの家に育った湯口内のイヨ子さんはバターを炊き立てのご飯によく乗せて食べたそうだ。バターそのものが結構な貴重品の頃だが、阿仁地区では家庭の定番メニューだった。バターと炭水化物の相性はよいからパン食や洋食が普及する以前はこれがベストマッチの食べ方だろう。当然、餅にバターを練り込む人が現れても不思議ではない。餅には昔から豆類やごま、ヨモギなどを練り込んで作る習慣があるからだ。

私も何種類かのバター餅を食べたが、作る人によって味や歯触りが結構違う。体温でべトベトになるものもあれば、マイナス7℃でも適度な柔らかさを保つものもある。家庭の手作り感あふれるバター餅は、今やすっかりマタギの郷の名物になったようだ。

川とマタギと魚

釣り仙人と遊ぶ

マタギといえば山の獣を追う猟師で、川はあまり関係がないと思われるかもしれない。しかし、実際には川でもいろいろなやり方で多くの魚を捕ってきた。真冬にスコップ一本で魚をごっそり捕る〝ジャガク〟(『マタギ 矛盾なき労働と食文化』でも紹介)といった実にユニークなものからテンカラ(毛鉤)釣り、餌釣り、突き漁、毒流し漁にダイナマイトぶち込みと、考えつく限りの方法で魚を捕ってきたのだ。山の民マタギにとって川魚も大切な獲物だったのである。

打当の良一さんは阿仁でも有数の釣り名人のマタギだ。阿仁には東西の両横綱ともいえる名人がいる。ひとりは餌釣りの横綱、そしてもうひとりがテンカラ釣りの横綱である良一さんなのである。

ある初夏の日、良一さんと打当の沢に入った。本来なら一日山を歩きたいところだが、良一さんは忙しい。午前中の2時間程度ならという限定での釣行である。

打当の集落から森吉山の山麓方面にゴトゴトと15分程度進んだ所で車を降りた。

〝えっ、ここ?〟

案内されたのは車を止めた林道からほんの30メートルしか離れていない。いやいくら何でも近すぎるのではないか。これは釣れないだろうなあ。最初から諦めモードである。良一さんはウェーダーを身に着けると沢に近づいた。ちょうどそこには鉄製の堰があって、どうどうと水が響いている。しかしこの鉄製の堰がまた美しくない。そこに落ちる水も濁っているではないか。頭に描いていた〝美しい森と清流と私〟という絵はがらがらと崩れていった。

堰から流れ落ちるたまりの部分へ竿を振ると落ちた毛鉤が大きく波に揺れながら漂う。何だか釣り堀のような感じもする。しばらく見ていると濁りの水の中から黒い影がピュッと飛び出したが、毛鉤には食いついていない。

「今見えたでしょ。ここは必ずいるんですよ」

そう言いながら、また良一さんが竿を振る。先ほどと同じように波間を漂う毛鉤。濁り水の上をユラユラ、ピュッとまたも飛び出す黒い影。良一さんが合わせると竿が大きくしなった。キュンと張った糸の先に見えたのはなかなか立派なヤマメである。これも実は意外だった。以前、比立内の松橋時幸さんと釣りに行ったときはイワナばかりで、ヤマメは一匹も釣れなかったのである。ヤマメは本流の魚で上流部の小さな沢ではイワナだとばかり思っていたのだ。

このあと、少し上流へ移動したところでタイムアップ。さらにイワナを3匹ほど釣り上げたところで引き上げることとなった。

「いや、すみませんね。あまり釣れなくて」

良一さんは申し訳なさそうに言いながらウェーダーを脱ぐと、仕事に向かっていった。

その日の夕方。打当温泉に戻ると宿の人がやってきた。

「これ、さっき良一さんが持ってきましたよ。何だか朝はすまなかったって」

手渡されたビニール袋にはぎっしりとイワナが入っているではないか。出して数えると、何と32匹。いやこれは……。

「仕事が終わって2時間くらいで釣ってきたそうですよ」

2時間でこの数を釣り上げるとは、さすが横綱である。しかしいくら何でも、これは多すぎる。ひとりで食べきれる訳でもなく、宿の人と分けたのはいうまでもない。

夕げの膳にヤマメとイワナが加わり豪華な食事になった。出てきた焼きたてのヤマメにかじりつくと、これがまた美味である。イワナはどちらかといえば野趣あふれる味だが、ヤマメは上品で優雅な口当たりだ。渓流の恵みに感謝してビールを流し込んだ。

良一さんは大物を数多く釣って来るが、実はあまり自分で食べないのである。ほとんどを近所に配ったり庭の池に放したりしている。池の魚が大雨のときは全部側溝から川に流れてしまい、結果的には打当川へ放流しているようなものだ。

森吉周辺は非常に魚影が濃く、3月の解禁初日から大勢の釣り人が訪れることで有名である。林道には関東地方のナンバーが付いた車が数多く見られる。

「森吉の奥へよ、林道の付け替え工事に入ったんだ。小さな沢を側溝へ流し込んでな。しばらくして溝見たら、そこにこんなイワナがごっそり固まってんだあ」

かんじき仙人の忠義さんが示したのは50センチほどの大きさ。

「次の日そこに金網で箱作って仕掛けたら何10匹って捕れたよ」

大物イワナは奥山に隠されたマタギの大事な食料でもある。

川でカジカを突く

私が生まれた長崎県は島と海の県で、大河もなければ清流もない。大きな山は雲仙くらい、水は火山特有の伏流水となって湧き出ている。阿仁に見られるように、森のなかを流

まだ新緑の気配が残る沢歩きは心地よい。これで集落のすぐ近くなのだから驚きだ。〝釣り住接近〟の環境である。この鉄製の堰は美しくないが、必ず魚が潜むポイントでもある。絵的には興ざめの感じもするが釣果第一

釣り上げたばかりのヤマメ。これがなかなかの美人である……雄かもしれないが。味は抜群

養殖と違って大きさにばらつきはあるが、味はしっかりとしている。完全天然物はうまい

返しのないヤスで仕留められたカジカ。慣れれば簡単にどんどん捕れるのがカジカ捕りの醍醐味だ

れが煌めく美しい風景は皆無なのだ。川魚との縁は浅く、汽水域の泥川でウナギを釣るくらいだった。そんな私にとってカジカは初めて名前を聞く未知の魚だったのである。

カジカはイワナのように渓流ではなく、本流に多い魚だ。

「昔は木の皮を束ねて火をつけてね、カジカ捕りしたもんだよ」

根子の国男さんである。カジカは浅い瀬の部分に多く棲息しているので、それをヤスで突くのが基本的な捕り方だ。夜は鳥に狙われる心配がなくカジカは石の下から安心して出てくる。そこで松明の明かりで川を照らしながらカジカを突いて回ったのだという。今ではこの夜突きは禁止されているが、昔はカジカといえば夜捕るものだったのだ。

ある夏の日。荒瀬地区の阿仁川でカジカを探すことにした。この辺りは川幅が広く、均一に浅い。子どもの水遊びには最適の場所である。水深は1メートル弱、流れもさほど急ではないから安心だ。川の中に顔を突っ込みカジカの姿を探すが、目が慣れると直ぐに見つかった。川底の色と似てはいるが容易に判別はつく。小石にうまい具合に体を合わせて流されないようにくっついている。これは見た目がハゼだなあ。さっそく網を使って捕獲を試みるが、意外と捕れる。あまり敏捷な動きではないのだ。これなら子どもたちの絶好の獲物になる。しかし、周りを見てもカジカ捕りに興じる子どもの姿など見えない。

「昔は子どもの遊びだったけど、今はやらないなあ。お盆で帰省した人たちが一所懸命捕ってるんじゃないの」

その言葉通り、少し下流でおじさんやおばさんが喜々として川に入っていた。一番水遊びが好きなはずの子どもたちは何をしているのだろうか。

「俺たちが子どもの頃はよ、毎日川さ行くんだ。途中の畑でジャガイモ掘ってな。川で体が冷えたら焚き火してそのイモ焼いて食うんだよ」

これはどの地区の子どもたちも同じだったようだ。川は大事な遊び場であると同時に小遣い稼ぎの場でもあった。

「川でカジカ捕ってね、それを10匹でひと串にして売るんだけど、一回川に捕りに行けば20本くらいはできたね。昔は小遣いなんて貰えないから、川から小遣い貰っていたようなもんですよ」

打当の英雄さんだ。

真っ昼間に遊漁券を買い、本気のカジカ突きをやってみた。この場合は先ほどのように水中に浸かりはしない。箱メガネで覗き込んで川底を探すのである。やってみると意外と難しい。水中メガネと違って箱メガネは視野がかなり狭く、その真下しか見えない。だから川の中をちょこまかと動き回らないと獲物に出会えないのである。

探すことしばし。

〝発見!〟

箱メガネの横からそーっとヤスを近づけて……サクッ!

逃げられた。水中なのでやはり距離感がつかみにくい。しかしすぐに目の感覚も慣れてくる。そうなると捕るのは簡単だった。カジカは網でも掬えるほどののんびりした魚だ。ヤスで突くのは誰にでもできる漁である。

「ここに来た時に夜にカジカ捕り行ったの。初めてだったけど面白くてね」

懐かしそうに話してくれた荒瀬の西根誠子さんは、マタギナガサ作りの名人である3代目正剛こと稔さんの奥さんである。稔さんは私の初代山の師匠でもある。

この誰もがやったというカジカの夜間漁はどのようなものなのか。根子の弘二さんにお願いして見せてもらうことにした。といっても夜間は禁漁なので、川でカジカの観察会である。

西根鍛冶屋さんの近所の阿仁川が絶好のカジカポイントだ。露熊山峡に通じる橋を渡り、左の河原に向かう。しかしこれが真っ暗。ここまで暗いと懐中電灯の明かりでは周りの様子がつかめず歩きにくい。どこから川に下りてよいやら見当もつかない。

何とか弘二さんに案内されて川に入ったが、もちろん川の中も真っ暗だ。こんな暗闇で川に入った経験はない。どこまでが川で、どこからが岸かも見当がつかない。ライトの明かりは目の前の流れを映すだけである。川の中ほどまでくると箱メガネの中にライトを入れる。このまま川の中を照らすのだ。しかし、これがまた極端に見にくい。ただでさえ視野が狭まる箱メガネの中で一部しかライトが当たらないのだ。それでも懸命に目をこらして探していくと、おお、いるいる。石の上に黒い姿が点々とあるではないか。これは昼間よりも間違いなく多い。おまけに動きがさらに鈍い。手で触っても簡単には逃げないのだ。寝ているのだろうか。面白くて夢中で眺めていると、さすがに腰が痛くなってきた。何せここは非常に浅いのだ。深さが30センチほどしかない。しゃがむとお尻に水が入るから腰を屈めるしかないが、その姿勢が非常につらいのだ。痛たたたっと腰を伸ばして辺りを見ると、あれ？　弘二さんの姿が見えない。暗闇の流れの中に私ひとりではないか。慌てて箱メガネからライトを取り出して辺りを照らすと、上流の岸辺付近に弘二さんらしき影が見えた。ライトを箱メガネの中に入れると横にほとんど光が漏れず、どこにいるのかわからなかったのだ。ここは深みがないから安心して歩き回ることもできるが、それでも少し怖い。

　では昼間捕ったカジカを食べながら一杯やることにしよう。カジカは表面がかなりぬるぬるとした魚で、そこもハゼと似ている。一番ポピュラーな調理法はやはり焼くことだ。串に刺してそのまま魚焼きで焼けばできあがり。醤油を垂らして頭から丸かじりでいただく。いや、これが結構骨までぱりぱりと食べられておいしく感じる。味は淡白で、独特の香りがあっておいしい。焼き物の次はやはり唐揚げがよいだろう。じっくりと揚げれば大きめのカジカも頭から全部おいしくいただける。しかし不思議な風味である。木の芽にも似た、何とも例えようがないカジカの香りだ。

「たくさん捕ったら、生のまま冷凍しておくと年末くらいまで大丈夫だぁ」

たしかに弘二さんの家の大型冷凍庫にはカジカの塊が入っていた。その昔は囲炉裏端の弁慶と呼ばれる藁筒に刺して乾燥保存していた。

カジカを噛みしめながらビールを飲む。昔の子どもたちが川で捕ったカジカはこうして大人の酒の肴になったのだろう。簡単に捕れて子どものよい小遣い稼ぎにもなったカジカ。今はその姿を追う人影も見えない。

春本番を告げるマス

阿仁でマスといえば、やはりサクラマスが真っ先に思い浮かぶ。ちょうど桜が咲く時季に遡上することからその名がついたマスだ。もともとヤマメが川を下り海遊して来たものだから、おいしくない訳がない。このサクラマスが阿仁ではちょうど5月の始めから遡上する。田植えの時季に重なり作業が済んだあとに一斉に網を打ち捕獲したサクラマスで宴会をするのが春の風物詩だった。私も一度、萱草鉄橋の下で大きなサクラマスを見たことがあるが、少し時季外れでかなりボロボロの魚体だった。

「俺なんかよ、子どもの頃よく小遣い稼ぎで春マス（サクラマス）を捕ったもんだよ」

比立内の正一さんである。

「5月の初めにな、川さ入って素潜りでマスを突いてくるんだ」

5月初めの阿仁川は、雪解け水が流れ込んで凍える寒さだ。そこへ裸同然で入りマスを突く。何とも凄い。

このマスは当時正一さんの家の隣にあった魚屋に持っていくとかなり高額で売れたそうだ。

「マスの頭は半分にしてな、細かく包丁で叩いてよ、ニンニクと味噌で和えたり青ジソやネギをまぶしたりして食べるんだ。うまいんだよ、これが。いい酒の肴になるんだぁ」

このとき、鼻の軟骨はまた別にして食べたそうだ。正一さんはこれを生和えと呼んでいるが、サケの氷頭なますにそっくりだ。氷頭なますはサケで有名な新潟県村上市の郷土料理でもある。ここでサケが遡上するのが三面川、つまり奥三面の旧マタギ集落から流れ下る川なのだ。大型魚類であるサケは秋口に大挙して遡上し、同じく大型魚類のサクラマスは春に遡上する。時季は違えど、山の民マタギにとって大切な食材であったことは間違いない。

阿仁では、ほかにもアオマスとかホリマスと呼ばれるマスを川で捕獲している。森吉の鍛冶屋さんではマス突き用の巨大なヤスが置いてあるが、まるでヨーロッパの悪魔が持つ槍のようだ。カジカ捕り用の巨大な感じである。

三面川のサケ。これだけの大きな魚が海から勝手にやってくるわけだから、素晴らしい恵みであったに違いない

日本海側から見た三面川。この最上流に奥三面のマタギ集落があった。川とともに栄え、そしてダムの底へ沈んだ

古からの深いつながり

川魚は地域にとって大変重要な食料だった。地図を見ればよくわかることだが水の流れのない所には人は住まない。つまり目の前の流れとともに生活してきたのである。マタギの集落も、もちろん流れの側にあった。川の恵みは山の恵みであり、それらを享受できる知恵をもってこそ生きることができたのである。

根子小学校には魚の文様を刻んだ石がある。これは魚形文刻石と呼ばれ、その起源はよくわかっていない。根子に縄文時代の遺跡があることから、この石も縄文時代のものではないかと思われている。縄文か弥生のどちらの時代にしても、魚形文刻石の存在はマタギ発祥の地である阿仁根子で川の魚が古来大切な資源であった証明ではないだろうか。

縄文時代の人口分布図を見ると、近畿や九州地方は無人地帯が広がっていたことがわかる。当時まとまった人々が暮らしていたのは関東地方、北陸地方、そして北東北地方である。

農耕が盛んになる以前に人口を支えたものは何だったのか。まとまってある程度のカロリーが得られなければ人口の増加はあり得ない。私は川を遡上する大型の魚類にその鍵があるのではないかと考えている。春は春マス、秋はサケや秋マスが大量に遡上すれば素晴らしい恵みだったはずなのだ。古代人が石にそのことを感謝の気持ちを込めて刻んだとしても不思議ではないだろう。マタギと川魚は切っても切れない縁があるのだ。

魚の凄い捕り方

魚の捕り方にはいろいろな方法がある。投網や釣りはごく普通であるが、その昔は結構凄いやり方もあったようだ。

「山の芋で〝トコロ〟っていう芋があるんですよ。これを俵に入れてね、滝の上でぐちゃぐちゃ踏むんです。そうするとね、滝の下が少し泡立ってカジカやイワナがふわ〜っと浮いてくるんです」

根子の国男さんだ。

ヨモギとクルミと山椒を使って同じように魚を捕る方法もあったようだ。これらの漁法は毒流し漁と言われ、アマゾンの先住民も同じ漁を行っている。毒といっても微弱なもので、魚は少ししびれる程度である。少し時間がたてば普通に泳ぎ出すから、急いで回収しなければならない。

強毒性の青酸化合物を流す漁は完全に魚の息の根を止める手荒な漁法であるが、一時季盛んに行われている。死んでいるから慌てて回収する必要もない。そのまま流れていく魚

根子小学校にある魚形文様の刻まれた石。古代人にとって、いかに魚が重要な存在であったかがよくわかる

は下流の人が拾って食べていた。ただ、このやり方で捕った魚を食べて大丈夫なのだろうか。

「ああ、青酸カリな。食べても大丈夫だぁ、ただ内臓は絶対に食べちゃなんねぇな」

打当のかんじき仙人こと忠義さんだ。

これは恐ろしくて内臓どころか魚そのものを食べる気も起こらないが、昔は長閑(のどか)というか何というか。

青酸化合物を流してから下流を見たら子どもたちが泳いでいた。こんな危険なことも多々あったようで、そのときは子どもが怒鳴られたそうだ。

「こらっ！　おめたちはそこで遊ぶんじゃねぇ！」

いや、しかし本当に何というか……。

先述のトコロ芋は国男さんによれば食べられるそうで、少し苦みはあるがおいしいらしい。今も山にいけばあるが、ほとんど採られていない幻の食材でもある。

マタギの里にやってくるハタハタ

ブリコがとろとろでぷっちぷち

〝秋田名物八森ハタハタ、男鹿で男鹿ブリコ〟

ご存じ秋田音頭で歌われるハタハタは海の魚である。その海魚が山のマタギと何の関係があるのかと言われそうだ。しかし長年マタギの生活を見聞きし、実際に食の現場を共有すれば、ハタハタもマタギの生活にはやはり欠くことができない存在だと思われる。

ハタハタは主に日本海側を回遊する魚で、西は北九州から青森県までの各地で捕獲されている。秋田県は特に産卵場所にあたり浜辺まで大挙して押し寄せるので簡単に捕ることができた。これが乱獲の原因になり、一時資源保護のために厳しい漁獲制限が設けられたのである。

大量に捕獲されるため加工される場合が多く、一番有名な加工品はしょっつる（魚醤）である。しょっつるは石川県のいしる（いしりとも呼ばれる）と並ぶ日本を代表する魚醤ともいえる存在だ。秋田県の県の魚でもあるハタハタは阿仁でも当然大量に食べられていた。

「鷹巣の高校さ行くのに内陸線に乗って行くんですよ。冬になると毎朝その中で真っ先に弁当を食うんですよ」

比立内に住む隆憲さんは何も育ち盛りで早弁をしていた訳ではない。

「ハタハタっていうのは貧乏人の食い物って感じでね。それが冬場は毎日毎日弁当さ入っているのよ。学校で開けるのが恥ずかしくて、さっさと食ってたの」

今は結構な値段がするハタハタだが、大量に捕れていた時代はそれこそ一家でトロ箱数段分を一気に購入していたのである。

九州出身の私には縁遠い魚であるが、都内の居酒屋で食べる機会は度々あった。正直に言うと値段の割にはおいしくない魚というイメージである。しかしそれは大間違い！　秋田のハタハタは違った。根子マタギの弘二さんの家で初めて食べた時は驚いた。それまでに食べたハタハタは何だか干物みたいな食感。ところがこれは何だ！　まず魚体の大きさが違う。はるかに大きい。そして何より驚いたのがブリコ、つまり魚卵である。いわゆるしょっつる汁、つまり塩汁で茹でた最もシンプルなハタハタをいただいたのだが、もうとろっとろのブリコが口いっぱいに絡まって話すことができない。この粘りは納豆以上である。

ブリコは粘るものだと思ったのも束の間、今度は強烈なパンチ攻撃。赤黒いブリコの塊を口に入れると、まるで爆竹が炸裂するかのようにバチバチ、ブチブチと凄い音を出し続ける。このような食べ物は初めてである。

市日と山の生活

下越から東北にかけては移動市場が発展していた。秋田県北部では10日に一度の割合で各地を回る形式で市が立つ。米内沢は3の付く日、阿仁合は4の付く日、そして比立内は5が付く日が市の立つ日である。地元の人はこの日を市日と呼んでいる。

市日には八百屋、乾物屋、お菓子屋、荒物屋、衣料品屋、種屋、ひな屋そして魚屋とテントが軒を連ねる。移動するスーパーのような存在だ。私が初めてこの市に出会ったのは真冬のことである。雪のなか、買い物客と店の人たちが楽しそうにおしゃべりをする姿が印象的だった。翌日取材をしようと立ち寄ると、そこにはただ風が吹いているだけ……10日に一度だと知ったのはこの時である。今のように誰もが車を持ち、どこにでも出かける

冬の市日。比立内は 5 が付く日が市日である。そのときに滞在していれば必ず顔を出すが、年々寂しくなる

ことができない時代は、市日は集落の大きな楽しみだった。

「いやあ、俺が子どもの頃なんかは凄い人出でなあ、迷子もいたもんだよ」

　隆憲さんが懐かしそうに話してくれた。

「私は大阪から服を仕入れてくるんだけど、このあたりの人がたの着るものはほとんど全部うちから出たもんだったんだよ」

　衣料品屋のおばちゃんはテントで誇らしげに語った。つまりこの店が地域のファッションリーダー的存在だったのだろう。

　12月に入り、海が荒れるとハタハタの季節である。ハタハタは雷が鳴るような荒天の日に接岸して産卵をする。だからそのような天気が続くとハタハタが捕られ、魚屋の店先にはずらりとハタハタが並ぶのだ。

　ある冬の朝、市日に軒を連ねる2軒の魚屋を覗くと、ピカピカのハタハタがぎっしりと積まれていた。そこへ買い物に来る婆ちゃんたちが、まあ買いまくる。魚屋でも始めるんじゃないかと思えるくらいに買い物をするのだ。ハタハタはもちろん大人の箱買いだ。それも3段4段は当たり前。さらにこの時季の食材であるカスベやサメ類も大ぶりの切り身で買っていく。横で見ていて気持ちいいくらいの買いっぷりで、ひとり4000~5000円は当たり前なのだ。普通、一般家庭で魚類を一度に5000円も買うだろうか。10日に一度とはいえ凄い買い方である。

新年を迎えるためのハタハタ料理

大量に購入したハタハタはどのように食されるのか。最もシンプルな料理法は前述した塩汁（しょっつる）だ。ネギと豆腐が入れば、あっさりとした上品な汁物になる。ただし、ブリコは前述したような超ねばねばのとろとろ。そして焼き物、これは焼き魚だが素焼きや味噌漬け、または地元の万能醤油である味道楽に漬け込んだりしていろいろな味が楽しめる。煮魚も簡単でおいしい食べ方だ。注意点は、どの食べ方でもあまり加熱しすぎないことだ。加熱しすぎるとブリコは硬くなって、あのとろとろ感が失われてしまう。

ハタハタの出回る時季は意外と短い。短期間に大量に供給される食材を長く楽しむためには工夫が必要である。そこで先人たちが思いついたのは寿司にすることだった。

今回はブドウ漬けでもお世話になった阿仁湯口内の齋藤イヨ子さんに寿司の作り方を見せていただいた。イヨ子さんは打当の生まれで、家は代々マタギである。

「昔は打当まで魚屋さんが担いでハタハタ売りに来たもんですよ」

比立内からさらに奥へ入った打当地区は市日もなく、行商の人が売りにくるハタハタが季節の風物詩だったのだ。

ハタハタの寿司は全国的には珍しく、秋田と鳥取の一部で作られているようだ。私は日

ハタハタの味噌漬けは特有の香ばしさが加わり、かなりおいしい。ブリコが落ちないようにするのが少し大変

これぞ塩汁！　ハタハタで作った魚醤でハタハタの汁に味を付ける、まさにハタハタづくし。トロトロのブリコを味わうには過加熱に注意

漬け込んだハタハタの寿司。ここから3週間たてばちょうど食べ頃となる。上に見えるのは布海苔やニシン

完成したハタハタ寿司。左が切り寿司で右が丸の寿司。ブリコが落ちれば切り寿司、落ちなければ丸寿司か？

本海側のハタハタを各地で食べたことがあり、そのなかでおいしいと思ったのが実は鳥取と秋田である。回遊魚なので捕れる時季が違い、鳥取は夏、そして秋田は冬。正反対の季節に捕れたハタハタを同じように寿司にするのだから食文化とは面白い。

このハタハタ寿司は、寿司といってもにぎりやちらしではない。ご飯と麹に漬け込んで作る発酵食品である。フナなどの川魚を使った〝なれ寿司〟と同類であるが、熟成期間がまったく違うのだ。

作り方はまず水に浸けてハタハタのぬるぬるや臭みを落とす。それからしばらく酢に漬けてから炊いたご飯と麹に挟み込んでいく。このときに布海苔（ふのり）や紅ショウガ、ニンジンなどを加える。あとは3週間ほど寝かせれば完成。この完成の時季がちょうど正月にかかるので、ハタハタの寿司は新年の食べ物と認知されている。

では、いただきます。ひと口大に切ったハタハタを口に放り込む。ああ、身が締まっている。ハタハタそのものは白身で柔らかく骨離れのよい魚だ。しかしこれはコリコリとした食感で、まったくハタハタのイメージがない。そして何より旨味が増して大変においしい。

「今はね、家族の数も少なくなって昔みたいにたくさん買わなくなったの。それでもハタハタはこの時季に欠かせない魚だからね。うちの孫もブリコが大好きで、おなかがブリコでパンパンになるくらいに食べるの。えっ、私？……私はハタハタが苦手で食べられないのよ、子どもの時から」

「料理名人としてさまざまな取材にも対応するイヨ子さんが、実はハタハタが好きじゃないとは面白い。

ハタハタを買いに

マタギだからといって、何も山の恵みだけを食べてきた訳ではない。もともと日本は海と山の距離が近く、ものが盛んに行き来して地域の文化を形成している。生きるために欠かせない塩が、日本の場合は海塩であることを考えればおわかりいただけるだろう。

「午前2時に家を出て五城目までハタハタ買いに行ってましたよ。帰るのは夕方でしたね」

根子の国男さんの話だ。買いに行ったのは国男さんの文久生まれのお婆ちゃんである。地図で確認すると、根子から五城目まではは直線でおよそ20キロである。初冬の山道を真夜中の午前2時に家を出る。そして10数時間歩いて大量のハタハタを持ち帰る。信じがたい体力だ。そして熱意に恐れ入る。正月を迎えるための大切な魚がハタハタ、それはマタギの集落にとっても大切な食べものだったのである。

消えたカヤキと囲炉裏

謎の料理『カヤキ』

打当温泉で〝カヤキ〟鍋という料理を食べた。日本全国どこの旅館でも出てくるひとり用の小鍋料理である。

「カヤキはこのあたりで食べられていた料理なんですよ。もともとは鍋じゃなく貝で作ったから貝焼き、それがなまってカヤキになったの」

入れものが鍋ではなく、ホタテの貝殻を使ったことからこの名称が付いたのだという。ホタテの貝殻を鍋代わりにして料理ができるものなのか。まったく想像がつかない。

「今のホタテは養殖だから貝殻が小さいんですよ。昔は天然物で凄く大きいから、それに入れて煮ましたね」

根子の国男さんによれば20センチくらいのホタテの貝殻が各家には複数あった。それを使い囲炉裏や火鉢で煮たそうである。打当温泉で私が食べたカヤキはただの味噌仕立ての鍋だ。中身が何だったのかも記憶に残らないくらい、何の変哲もなかった。しかし、阿仁地区本来のカヤキはかなり個性的な料理だったのだ。

囲炉裏の凄い能力

あちらこちらでカヤキの話を聞いたが、今はオリジナルのカヤキを見ることがほとんどできない。その最大の理由は入れものとなる大きな貝殻がないことだ。国男さんが言ったように、今、手に入るホタテは養殖のために生育年数が限られている。その分、当然ながら貝殻が小さく、とても昔のカヤキ料理はできないのである。どこの家にもあったはずの大きな貝殻は、家の建て替えや食生活の変化でいとも簡単に捨てられた。もともと貝殻の有効活用なので誰しも惜しいとは思わなかったのだろう。

「カヤキの貝?　ホタテだよねえ、昔はあったけど全部捨てたなあ」

どこで聞いても同じ答えで、実物にはお目にかかれないのである。

このカヤキに欠かせないものがもうひとつある。それは囲炉裏だ。ご存じのように、囲炉裏は座敷の真ん中で煮炊きをしたり暖を取ったりする仕組みで、基本的に一年中、火の気が絶えることはない。火が不要の場合は灰をかけて火勢を抑え、火種として温存されたのである。

「昔はどこの家にも囲炉裏があったからねえ。熊のモモ肉を干してカヤキにしたもんだねえ」

国男さんの家では囲炉裏の上の部分、天とか火棚と呼ばれる所に捕ってきた熊のモモ肉を吊していた。こうすることで簡易燻製ができあがったのである。熊だけではなくウサギやヤマドリ、ムササビなどの肉もたくさん獲れた時は囲炉裏の力で保存食となった。

囲炉裏は家の中で焚き火をするようなものだ。熱効率や煙の発生を考えると、西洋式の薪ストーブのほうが合理的に見える。しかし煙が発生することで虫の侵入を防ぎ、燻煙効果で茅葺き屋根を丈夫にすることもできた。開放部分の多い日本家屋では煙は有効活用されていたのである。

囲炉裏端で保存されたのは肉類だけではない。カジカなどの川魚も「弁慶」と呼ばれる棒状の藁に串刺しで吊されていた。冷蔵庫のない時代は囲炉裏の煙は大切な保存剤だったのである。

こうして囲炉裏にぶら下がった魚肉類がカヤキの材料になった。ある時はウサギカヤキ、またある時は熊カヤキ、そしてまたある時はカジカカヤキ。

「たくさん捕れたものはたいてい干したね。それでカヤキにして食べたもんだ。味？　味は味噌だったね」

　誰に聞いても味噌味が普通だったようだ。囲炉裏で干した肉や魚が出汁代わりになって野菜を入れて食べる。また煮干しを入れて出汁にする場合もあったそうで、そうなると味噌汁と何が違うのかよくわからない。自在鉤に吊した鍋で作れば最も簡単に作れるのだから、わざわざカヤキにする理由が見当たらないのである。

幻のカヤキを食す

　あちこちで話を聞いてカヤキの材料や味付けなどは大まかに理解できた。しかし、なぜカヤキなのかという答えは見つからない。実物を食べればわかるかもしれないが、なにせ肝心の貝殻がないのである。場合によっては割烹食器を扱う店で探そうか、そこにもなければ諦めるしかない。

「カヤキ用のホタテ貝？　えーっと、うちにあったかもしれないねえ」

　ハタハタ寿司の取材でうかがった湯口内のイヨ子さんからうれしい言葉が返ってきた。家に昔からあった大きな貝殻はやはり全部捨てたそうだ。しかし、何かの折にたまたま見つけた貝殻をひとつだけ取ってあるというのだ。これをさっそく見せてもらうと、端が少

最もシンプルな味噌カヤキ。とろみがあるのが、写真でもよくわかるはず。風邪のときや二日酔いには優しくて最高

し欠けているので20センチには満たないが大きめである。目につくのは貝殻の湾曲、つまり容器にあたる部分の深さである。これなら結構な容量がありそうで、汁物が十分に作れるだろう。

「子どもの頃はカヤキはよく食べてましたね。煮干しは貴重品だから干したカジカなんかで出汁取ってね。食べ方？　私が一番好きなのは味噌カヤキだね」

味噌カヤキ、初めて聞くメニューである。今は囲炉裏で干した熊肉もウサギ肉もない。そこでイヨ子さんが最も好きな味噌カヤキを再現してもらうことにした。

まずホタテの貝殻に水を入れて火にかける。今ではガスコンロの上に乗せるが、以前は囲炉裏の五徳の上や火鉢の上だった。そこで出汁用の煮干しを入れて煮立たせる。煮干しを引き上げて、味噌を溶かせば普通の味噌汁と同じだ。しかし、ここへ卵を加えながら味噌を絶妙の加減で調整すると驚きのカヤキができあがった。とろとろなのだ。これは決して汁物ではない。

「やっぱりカヤキはこうして箸で挟めないとね。これをご飯に乗せて食べるのが凄く好きで、うちの孫も味噌カヤキは大好きなの。もちろん普通の鍋で作るよ、今は貝は使わないね」

お産をしたあとなどは乳の出がよくなるとこの味噌カヤキは食べられたそうだ。イヨ子さんの生家は打当マタギなので当然、カヤキには前述したようにいろいろな具材が入った。

熊やウサギそしてたまにフナを買って入れることもあったそうだ。

今回、本来のカヤキを再現してもらいわかったのはカヤキとは決して鍋物、汁物ではないということだ。それなら家族分をひと鍋で作ればいい訳である。あえてカヤキにしたのは、それぞれの材料でひとつの料理を作り、少しでも変化に富むようにしたのではないだろうか。ひと鍋に何でも具材を放り込めばいつも同じような食事になりかねない。それを今日は熊、明日はカジカ、次はムササビと変えていったのではないだろうか。もちろん何もないときは最もシンプルな味噌カヤキ、これが基本形なのだ。

では、できたての味噌カヤキをいただきます。おお、確かに箸で挟める。それをご飯に乗せて口に運ぶと、う〜ん、何とも優しい味だ。絶妙のとろとろ感がご飯にいい具合に絡まっておいしい。味噌汁に卵を溶いてもこうはならないだろう。前日の深酒に染みるような味噌カヤキである。

阿仁の誰もがごく普通に食べていた地域の伝統食カヤキは、囲炉裏がなくなったことで消えたのだろう。燻された獣肉や川魚が独特の風味で味噌と絡み、ご飯が進んだはずだ。生鮮にはない旨味を冷蔵庫のない時代はいただいていたのである。しかし、カヤキを作らなければ貝殻も不要、こうしてカヤキは単なる小鍋料理になったようだ。

マタギの過去、現在、そして未来

なぜ阿仁へ行くのか

マタギ発祥の地・阿仁を最初に訪れたのはもう随分以前のことである。といってもすでに昭和は終わり、元号は平成に変わっていた。昭和最後のスターマタギたちは引退していたり病気だったりで、きちんとした取材をすることはすでに不可能な状況である。もとより何のツテも頼りもない土地に突然飛び込んでいった訳で、私の立場はただの観光客(もっとも阿仁へ観光に来る人は少ないが)に過ぎない。

当時すでに何冊ものマタギ本が刊行されている。江戸時代後期の学者である菅江真澄から始まり、多くの先人たちが阿仁を訪れ調査研究取材をこなし、さまざまなかたちで発表しているのだ。

戦後になり出版ジャーナリズムが盛んになると雑誌やグラフ誌で度々マタギは取り上げられた。そのあとは映像が主になるテレビや映画で定期的に阿仁マタギの姿が流れるようになる。それらの情報はフィクションの世界に多大な影響を与えたようで、名だたる賞を取るようなマタギ小説が複数編現れた。こうして阿仁マタギの知名度は高止まりしている感じである。

そのような状況、つまりやり尽くされた感のあるマタギの取材を私がする意味は果たしてあるのだろうか。これについて当初阿仁の山のなかで散々自問自答した。話を聞くにも「もうマタギはいね」「今の若い奴らはマタギでねくハンターだ」とさんざん言われたからだ。

実際に最初は聞き書きを想定した取材を試みた。しかしすぐに馬鹿らしくなって止めてしまった。理由は簡単だ。その手法では結局先人たちの轍を踏むだけである。いや亡くなってしまった人には話は聞けない訳だからいかにもマタギらしかった時代にはまったく近づくこともできないのだ。それならすでに数多くある資料を集めれば済むことなのである。しかし、それではつまらない。マタギについて考えることが資料収集であるとは思えないのだ。古老から「おらの爺さんがその爺さんに聞いた話だ」などという又聞きの又聞きに興味が湧かない。もちろん、これは個人的興味の問題である。又聞き調査が好きな人、資料集めが好きな人もいるだろう。しかし私の場合は現場で直接感じたいのだ。自分の目で見て、耳で聞いて、肌で感じて、そして味わいたいのである。

マタギの里の変遷

私が阿仁へ行き始めて、20年以上になるがこの間の変化は大きい。まず阿仁町から北秋田市阿仁に行政区分が変わった。いわゆる平成の大合併である。子どもの数が減り小・中学校は統廃合が進んだ。若者の姿は見えず、お年寄りが地域を維持する主力になった。ただしこれは阿仁に限らず、日本中の小さな地域で見られる現象である。

「あと20年たったら熊撃てる人がいなくなるべ」

私の山の師匠である西根稔さんが初めて会ったときに漏らした言葉だ。あれから20年たったが、熊を撃てる人はまだいる。ただし60代半ばのマタギたちが主力で、この団塊がいなくなれば集団で猟をすることはおそらく不可能になるだろう。つまりあと10年以内ということか。

集落そのものの存続もかなり危うい状況になりつつある。年寄りが頑張っていた頃はまだよかったが、ここ2～3年は秋になると引っ越す人があとを絶たない。雪囲いから始まる長い冬の生活に耐える体力も気力もなくなったからだ。子どもたちがいる雪の少ない町へ移り、住み処を引き払う人が増えている。ここでも団塊の人たちが何とか集落を維持している状態で、この世代の跡を継ぐ者がいない。まさにマタギの里・阿仁はマタギ終焉と共に消えてしまうのだろうか。

食生活の変化も大きい。子どもは昔ながらの料理をあまり喜ばなくなり、ヤマブドウなどの甘みを探すこともしなくなった。いつの間にやらできた阿仁前田のコンビニは秋田県で一番の売り上げを誇るくらいに活況だ。それに反比例するようににぎやかだった市日の衰退は激しく、がらんとした空き地がむなしさを誘う。阿仁合の商店街もとっくに商店〝街〟と呼べる状況ではなく、経済の流れそのものが滞っているのがよくわかる。ここで若い人に生活し、子どもを育て、家や集落を維持して伝統文化を守れといったところで、無理なことは誰の目にも明らかなのだ。

しかし、そのようなマタギの里・阿仁で私は豊かな思いしかしたことがない。人工物にあふれて人もモノも金も激しく動く都心部は確かに豊かなのかもしれないが、阿仁とはだいぶ質が違っている。

すべてを周りの山々から集めて衣食住を賄ってきた先人たちの遺産を受け継ぎ、楽しみも与えられるのではなく自分たちで創造する。自分たちとは無縁の人や社会に振り回されることなく生きてきたマタギの名残が、私には心地良かったのかもしれない。

「天気がいい日はずーっと山歩くのが好きだなぁ。ここは何でも自分でせねばならねんだ。

そうしねば何も楽しみがないからな」

老マタギの言葉である。自分でやれるからこそ喜びも生まれるのだろう。それが感じられなくなればこの地に住む理由も失われるのである。

無数の滝は豊かな水資源の証だ。地域を支えるその源が冬の雪であることは皮肉なこととしか言いようがない

おわりに

枻出版社から出ていたマタギの本2冊をまとめて文庫化したのが本書である。文庫化するにあたり何度も原稿を読み直したが、たびたび落ち込んだ。特に前半は〝こいつ何を言いたいんだ?〟と思わず突っ込んでしまう箇所が複数あり情けなくなる。あまりに酷い部分は手直しをしたが、なるべく最小限に抑えるようには心がけた。四半世紀以上前の体験が元となっているのだから、今とは経験値も知識も違う。当時を否定しても始まらないから未熟さも一連の流れなのだと納得しながら作業を進めたのである。

阿仁での経験は日本の地域とは何かを考えるうえで重要な思考力の基礎になったと思う。自然環境、歴史、食、労働、家族、楽しみなど様々な要因が絡んで地域性は生まれる訳だが、それらについての思考ベースを築いたのは間違いなくマタギとの体験だった。そこがしっかりとできあがったからこそ他地域の取材活動もスムーズにいき、また知見も増やすことができたと感じている。マタギ本の次は猟師取材で礼文島から西表島までを回ったが、このときもマタギとの比較を行うことで多くの気づきがあった。その後、『山怪』の取材に取り掛かる訳だが、これは手前味噌ながら面白い仕事ができたと思っている。

『山怪』が生まれたきっかけは山の師匠であるマタギの西根稔氏から聞いた大蛇の話だ。これがずっと頭の片隅から離れず、それが小さな芽を出すのは20年以上経ってからである。語りや伝承が山人にとって大切な財産であると認識できたのは阿仁での体験があったからだろう。本書には『山怪』に採録されたエピソードの種が掲載されているから興味のある方は探してみて頂きたい。

最後にお世話になった多くの阿仁の方々に改めてお礼を申し述べる。特に山の師匠である西根稔さん誠子さんご夫妻、佐藤弘二さん文子さんご夫妻にはひとかたならぬお世話になった。そして打当の鈴木英雄さんとカリちゃんは楽しい山の時間をいつも提供してくれた。それ以外にも多くの阿仁関係者諸氏に深く感謝をする次第である。

二〇二一年三月　田中康弘

*『マタギ 矛盾なき労働と食文化』（二〇〇九年四月一〇日）、『マタギとは山の恵みをいただく者なり』（二〇一三年四月一〇日）は枻出版社より初版が刊行されました。本書は、『マタギ 矛盾なき労働と食文化』二〇一〇年十二月二〇日の第一版第四刷、『マタギとは山の恵みをいただく者なり』二〇一三年四月一〇日の初版を底本として、加筆・訂正し、再編集したものです。

田中康弘（たなか・やすひろ）
一九五九年、長崎県佐世保市生まれ。島根大学農学部林学科、日本写真学園を経てフリーカメラマンに。主な著書に『山怪』シリーズ（山と溪谷社）、『シカ・イノシシ利用大全』（農文協）、『ニッポンの肉食（ちくまプリマー新書）』（筑摩書房）など多数

カバーデザイン　尾崎行欧、本多亜実（尾崎行欧デザイン事務所）
本文DTP　千秋社
校正　鳥光信子
編集　鈴木幸成（山と溪谷社）

完本 マタギ　矛盾なき労働と食文化

二〇二一年五月一日　初版第一刷発行
二〇二三年四月二〇日　初版第四刷発行

著　者　田中康弘
発行人　川崎深雪
発行所　株式会社　山と溪谷社
郵便番号　一〇一―〇〇五一
東京都千代田区神田神保町一丁目一〇五番地
https://www.yamakei.co.jp/

■乱丁・落丁、及び内容に関するお問合せ先
山と溪谷社自動応答サービス　電話〇三―六七四四―一九〇〇
受付時間／十一時～十六時（土日、祝日を除く）
メールもご利用ください。【乱丁・落丁】service@yamakei.co.jp
【内容】info@yamakei.co.jp
■書店・取次様からのご注文先
山と溪谷社受注センター　電話〇四八―四五八―三四五五
ファクス〇四八―四二一―〇五一三
■書店・取次様からのご注文以外のお問合せ先 eigyo@yamakei.co.jp

フォーマット・デザイン 岡本一宣デザイン事務所
印刷・製本　株式会社暁印刷

Printed in Japan ISBN 978-4-635-04895-8